SD選書 269

丹下健三と都市

豊川斎赫 著

鹿島出版会

はじめに

一〇〇〇万都市論には賛成だが、その取り扱い方が問題だと思う。一〇〇〇万都市がいかにして生じたかという歴史的分析が不十分なままに、一〇〇〇万都市の機能に話が飛んでしまうのはおかしい。丹下氏が、一〇〇〇万都市論の歴史的分析を放棄したのならば、丹下氏の一〇〇〇万都市論は、一〇〇〇万の人間を入れる容器、つまりバケツとして良いか悪いかというデザインの問題になるだろう[1]。

下河辺淳《東京計画一九六〇》シンポジュウム（一九六一年五月二〇日）での発言

一般に建築家に期待される職能とは、施主の言葉に耳を傾け、与えられた敷地の中の諸矛盾に頭を抱えながら三次元的な解決案を提示することに尽きる。建築家丹下健三（一九一三－二〇〇五）は《東京計画一九六〇》の中で自ら東京湾全体という無限に近い広がりを敷地として定め、建築から街区、首都に至るまでを視野に入れた構想案を提示した。この案を議論するシンポジュウムに参加した建設官僚下河辺淳は、開口一番、丹下に「一〇〇〇万人都市がいかに生じたかという

1　「《東京計画一九六〇》シンポジュウム報告」（パネリスト：磯村英一、菊竹清訓、下河辺淳、鈴木信太朗、丹下健三、司会：高山英華）『新建築』一九六一年七月、九一－九四頁

歴史的分析」の重要性を説いた。丹下研究室出身の下河辺は、後に田中角栄の「日本列島改造論」の立案に協力した名参謀であったが、国土計画や首都計画を構想する際、都市や建築の姿形（「バケツ」）以上に歴史的分析を重んじた点は非常に興味深い。

本書は、これまで学術誌、月刊誌、展覧会図録などに寄稿した、丹下と丹下研究室関係者（丹下シューレ）に関連する論考を収めている。特に国土計画・都市計画に関連する論考が主であり、全体から部分にアプローチする点で共通する。テーマは大まかに三つに分類され、一つ目に「国土と風景」と題して、富士山と丹下の関係に触れた論考と、丹下の都市ヴィジョンに関わる問題を時系列に整理した論考を据えた。二つ目に「都市と祝祭」と題して、岸田日出刀と丹下の関係から東京オリンピックを読み解いた論考と、明治神宮外苑を起点として佐野利器と丹下の相違点を読み解いた論考を据えた。三つ目に、「メタボリストの躍進」と題し、浅田孝、磯崎新、黒川紀章に関する論考をまとめた。また、第四章では「丹下シューレの批判的継承——都市空間デザインに関するマニフェスト」と題して、これからの都市空間デザインについて、私なりの見解を述べてみた。これまで何冊か上梓してきた本の著述対象がいずれも丹下シューレの活躍であり、いわば丹下シューレの「歴史的分析」に注力してきたため、自らの設計案（「バケツ」）を紹介するのはややためらいがあるが、ここでは腹を括って書いてみたいと思う。

丹下健三と都市　目次

DTP　奥山良樹

第一章　国土と風景

一　富士山と丹下健三

近代国家日本にとって富士山はナショナリズムの拠り所として大きな役割を果たしてきたが、ここでは「国家の建築家」と称された丹下健三と富士山の関係、そしてその背景にある二〇世紀における共同体と近代建築の関係について考察してみたい。

そもそも丹下本人は富士山そのものをこよなく愛していたと伝えられるが[1]、富士山の問題に直接言及したことはそれほど多くはない。そのため、戦前、戦後、オイルショック以後、バブル期という四つの時代に分節し、そのときどきのプロジェクトの遠景として現れ出る富士山に照準を当てて議論を進めていく。

それに先立って、今年（二〇一三）が丹下健三生誕一〇〇年にあたるため、まず丹下健三がいかなる建築家であったかをごく簡単に振り返りたい。丹下健三は一九一三年（大正二）に大阪に生まれたが、父の転勤に伴い、幼少期を上海、今治で過ごし、旧制広島高校時代には哲学書、芸術書に耽溺した。その後、東京大学建築学科に進学し、フランスの建築家ル・コルビュジエの近代建築と都市デザインに心酔する。大学卒業後、コルビュジエの弟子にあたる前川國男建築事務所

1　「インタビュー49：内田道子」、豊川斎赫編『丹下健三とKENZO TANGE』オーム社、二〇一三年七月、八六六頁

に勤務し、退職後に東京大学建築学科に特別研究生となる。戦後、同大学助教授に就任し、《広島平和記念公園》《東京都旧庁舎》《香川県庁舎》《国立屋内総合競技場（代々木体育館）》《東京カテドラル聖マリア大聖堂》《山梨文化会館》《大阪万博お祭り広場》を構想し、実現させた。オイルショックと同時期に大学を退官した丹下は海外に活路を見出し、中近東、アフリカ、ヨーロッパ、シンガポールなどで大規模な都市開発、首都計画のチャンスを得て、バブル期に《東京都新庁舎》を完成させ、建築家としてのキャリアを全うした。

戦前――富士山とアクロポリスの丘

丹下の輝かしいキャリアの中で、丹下と富士山の関係を最も強く印象づけるのが戦前のコンペ案である《大東亜建設忠霊神域計画》であろう。そもそもこのコンペは一九四二年七月、第一六回建築学会展覧会設計競技の課題「大東亜建設記念営造計画」が提示され、応募者は自ら敷地を自由に設定し、大東亜建設に相応しい計画を提案した。その際、丹下は自らの案を「大東亜道路を主軸としたる記念造営計画：主として大東亜建設忠霊神域計画」と題し、富士山と東京の皇居を高速道路（大東亜道路）で結び、富士山麓付近に戦没学徒を慰霊する追悼施設を計画している［図1］。この計画で丹下は一等を獲得し、一躍脚光を浴びることとなったが、戦時下の国威発揚を目指す日本にとって最も重要なキーワードである富士山・皇居・慰霊の三点を選び出し、それを目に見える形で提示できた点で傑出していた[図2]。

ここで丹下案を三つの観点から読み解いてみたい。第一に丹下案をシンボルの操作として読み解くと、漢字文化圏において古代都市が造営される際、その起点となったのが方位であり、中国から伝わった四神相応の思想に行き着く。言うまでもなく四神相応とは東—青龍、西—白虎、南—朱雀、北—玄武と、それぞれの方位にその方位を司る神がいるという発想で、「東に流水、西に大道、南に沢畔、北に高山」[2]という都市立地の地相判断からくる原理とともに適用されてきた。丹下は計画地の西に聖なる山（富士山）、東に聖なる場所（皇居）を配し、自らの計画は両者の関係をより強固なものにするべく設えたのであり、四神相応的な方位観を近代国家のシンボルの再配置のために換骨奪胎したと考えられる。

第二に西洋建築史の文脈として読み解くと、丹下は計画趣旨文の中で垂直を志向する「記念性」に西洋建築の本質を見て取り、それを乗り越える方法として富士山麓の一部を「一すじの聖なる縄」で区画し、水平方向に広がる穢れなき神域を生み出そうとした。丹下によれば、古代エジプトのピラミッド、中世の西欧ゴシック教会、近代のアメリカ超高層ビルは「国土を離れ自然を失いひたすら上昇せんとするかたち、抽象的、人類的な支配意志の表象」[3]であると批判した。

2　都市デザイン研究体「方位」『日本の都市空間』彰国社、一九六八年、三〇頁

3　丹下健三「大東亜建設記念造営計画」『建築雑誌』一九四二年一二月、九六三頁

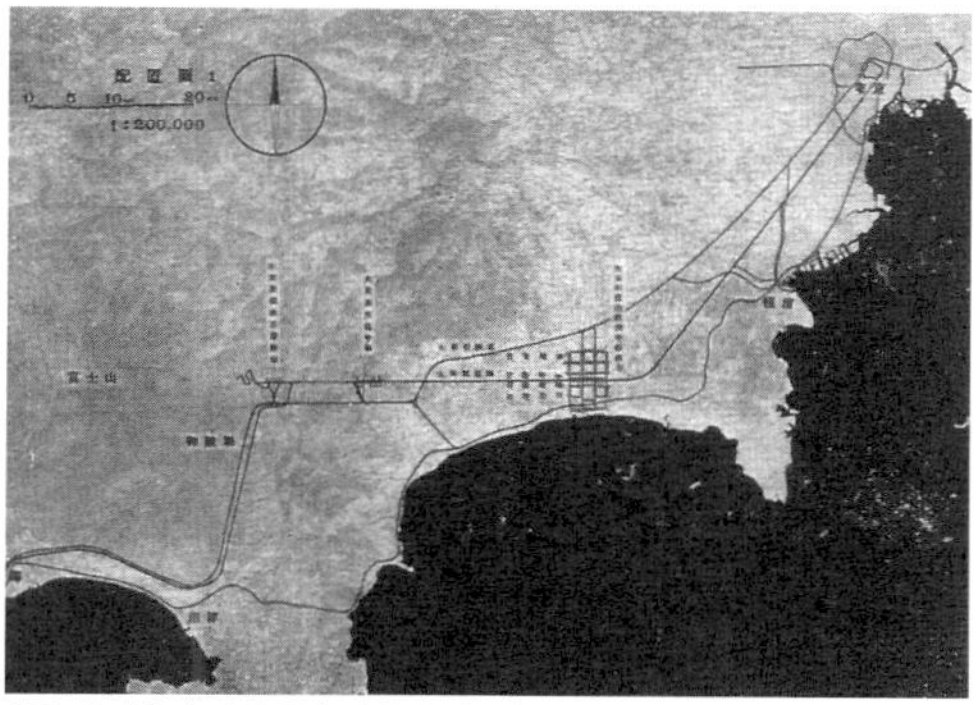

［図 1］《大東亜建設忠霊神域計画》配置図

［図 2］《大東亜建設忠霊神域計画》パース

それに対して丹下は自らの計画において垂直性、記念性を富士山に付託しつつ、建築が根源的に兼ね備える象徴性への批判を展開したと言えよう。また、本殿には当時流行していたモダンデザインではなく、伊勢神宮を原型とした高さ六〇メートルの社殿を計画している。これは近代国家を構成する共同体が自らの祖先（戦没者）と対話する施設であり、慰霊を通じて天と地を結び共同体の歴史的正当性を確認するための天橋立のごとき建築であった。丹下はモダンデザインを用いなかった理由について、以下のように振り返っている。

私は学生時代からいろいろ先輩の方に、日本の現代建築には興味をもっていない。四角いトウフのような建築よりは屋根の格好であれ、ドームであれ、アーチであれ昔の建築のほうがよほどいいじゃないかなどとぬけぬけと言っておりました。先輩の方々からは怒られていた[4]。

一九三〇年代、《東京逓信病院》をはじめ、いくつもの近代建築が日本に建てられ、建築系の雑誌面を飾っていたが、若年の丹下からすればそれらは西欧で流行するデザインの直コピーであり、衛生陶器のような、清潔ではあるけれども、なんの感興もわかない建物にすぎなかった。言い換えれば、丹下は世俗的な機能主義建築の退屈さを乗り越え、大東亜という民族全体の命運（西洋列強からアジア全体

4　丹下健三、前川國男「対談七問八答18〝現代建築の条件〟を語る」『科学読売』一九六〇年六月、五四頁

を守るという日本民族の崇高な願い）に伊勢風の建築をもって応えようとした。とは言え、丹下は慰霊に訪れた群集が集う台形状の広場と梯子状の通路はミケランジェロの《カンピドリオ広場》をヒントに計画しており、高速道路をはさんで二つの広場がぶつかり合うようなデザインはコルビュジエの《ソビエトパレス案》を彷彿とさせる。この点で、丹下は排他的な国粋主義と言うよりも、古今東西の建築的・都市的手法を戦略的に組み合わせ、近代の超克を視覚的に描こうとした。そして、富士山・皇居にフォーカスが当たるよう軸線と建築群を配置することで、混迷を極める戦時下の日本と建築意匠の状況に挑戦状を叩きつけた、と言えよう。

第三に都市計画史的に考察すると、丹下の都市デザインの代名詞と言うべき軸線がすでにこの計画でも重要な役割を果たしている。丹下は戦後の「都市計画」という講義の中で都市計画の起源について「Acropolis に上っている行列の公道がその起源」[5]と説明している。一般に都市計画の課題とは、住宅地の整備や公共施設、下水道の整備と考えられがちである。しかし既存の住宅や様々な施設が混在し、無秩序になった街中に秩序を与え、都市全体を有機体として生き生きとさせるのは神殿への参道（軸線）の設定である、と丹下は考えていた。かつてハイデッガーは『芸術作品の根源』の中で、神殿こそ周囲の世界を出現させ、様々な生物の営みを輝かせ、ピュシスを現前させる[6]、と説いていたが、丹下は神殿（ここでは富士山と皇居）と下界を結ぶ軸線に照準を定め、混沌とした戦前の

5　丹下健三『「都市計画」講義ノート』私家版、一九五二年

6　マルティン・ハイデッガー、関口浩訳『芸術作品の根源』平凡社ライブラリー、二〇〇八年、六〇頁

日本社会に秩序を与え、大東亜建設を目指す近代国家・日本に輪郭を与えようとした。戦後、建築における戦争責任問題が議論された際、丹下も軍国主義に加担したとして批判の対象となったが、丹下自身はいっさい懺悔せず、以下のように自己評価している。

民族主義の影響を受けていたということを素直に認めます。が同時に軍人会館や帝室博物館などの日本趣味とはやはり違ったものであったというふうに考えています。それは現在、機能主義をのりこえようとする運動のなかで出てきている伝統の考え方や、モニュメンタリティーの考え方に、多少のつながりをもったものだと感じています[7]。

二〇世紀初頭、西欧で生まれた近代建築は機能主義や生産力の向上と容易に共鳴し、場所性や地域色を消し去った。さらに幾何学的な原点（プラトン立体）にまで構成要素を還元しようとする革新的な力によって大きく躍進する。その反動として一九三〇年代からは、地域固有の生活様式や装飾表現（日本においては瓦屋根を用いた軍人会館）が注目を浴び、建築における日本的表現としてまかり通るようになった。こうした事態は一般にフォルマリズムと社会主義リアリズムの対立として表現されるが、両者を都市計画的視点から止揚する表現こそ丹下の目指

7　前掲書4、五五頁

した建築であった。そして、これは戦前の民族主義から戦後の国民建築（その起源としての国民文学）への一貫するアポリア、国民国家の不可避な難題であった。大東亜案はその課題に対する丹下なりの解答であり、戦時下の国家のモニュメンタリティーを具体化する役割を果たしたのが富士山・皇居・高速道路（軸線）であり、建築はあくまでそれらをサポートし、際立たせる役割に徹したことは繰り返すまでもない。

戦後——富士山麓遷都と《東海道メガロポリス》

敗戦後、日本は大東亜建設の夢と武力を放棄し、アメリカ軍の庇護のもとでアジアの忘却と経済発展を国是とした。その中で、丹下は自らの研究室で設計活動と並行して首都圏の通勤現象について分析を進めていた。当時、都市計画の専門家たちは、東京都心への人口集中を回避し、立川、横浜、前橋、宇都宮、大宮、千葉といった衛星都市に人口が集積することが望ましいと考えていた。今日的に見れば、この発想はコンパクトシティに通ずるが、丹下は衛星都市に労働人口を張り付ける発想に否定的であった。と言うのも、そもそも労働者が都心に集中するのは所得の向上、就業機会の獲得が主だった理由であり、彼らの就労意欲をそぐことは戦後復興、経済発展を阻害することになる。そこで丹下は統計データを駆使しながら通勤現象の把握に努め、都心（たとえば東京の有楽町）で最も顕在化する人口過密を建築的手法で克服しようとした。具体的には、丹下が一九五二年のコンペで選ばれた《東京都旧庁舎》の設計において、以下四点に留意してデザインを行った。第一に建物中央に耐力壁を据え、内側にＥＶや階段を集約する。第二に首都圏一帯から有楽町に毎朝集中する通勤者を各階に運び、分散させる。第三に地表面レベルはピロティによって開放的な公開空地とすることで、第四に高密度でありながら快適な都心エリアをつくろうとした。

しかし、《東京都旧庁舎》が竣工した一九五八年頃、コンペ時に比して都心の交通渋滞はますますひどくなり、インフラ整備の遅れが経済発展を阻害するボトルネックの状態に陥った。丹下が五〇年代初頭に考えた人口動態のモデルはあくまで有楽町を極点として人口密度が低減するモデルであったが、実際には山手線の各駅ごとに人口過密のピークが形成されてしまった。つまり東京の人口過密を俯瞰的に見れば有楽町を極点とするピークではなく、山手線全体が台地のように隆起する状態となっていた。こうした事態を踏まえ、丹下は皇居から木更津に向けて東京湾上に軸線を引き、今後も都心めがけて流入する労働人口の受け入れ可能な海上都市を構想する。これが《東京計画一九六〇》であり、かつて富士山と皇居を結んだ軸線は、今度は東京湾をはさんで皇居と対岸の千葉県木更津を結ぶこととなった［図3］。

丹下が港湾土木技術を駆使して描いた《東京計画一九六〇》とは対照的に、社会学者磯村英一は首都機能の一部を富士山麓に移動する案を構想していた。磯村は、東京に人口が集まるのは「国の頭脳」(司法、立法、行政の中心組織)が集中しているためであり、この権力構造を分割することが東京の過密問題解決の鍵となる、と考えていた。そこで磯村は富士山頂を中心に標高六〇〇メートル付近と一〇〇〇メートル付近に二重の環状道路を設定し、「国の頭脳」にあたる国会、

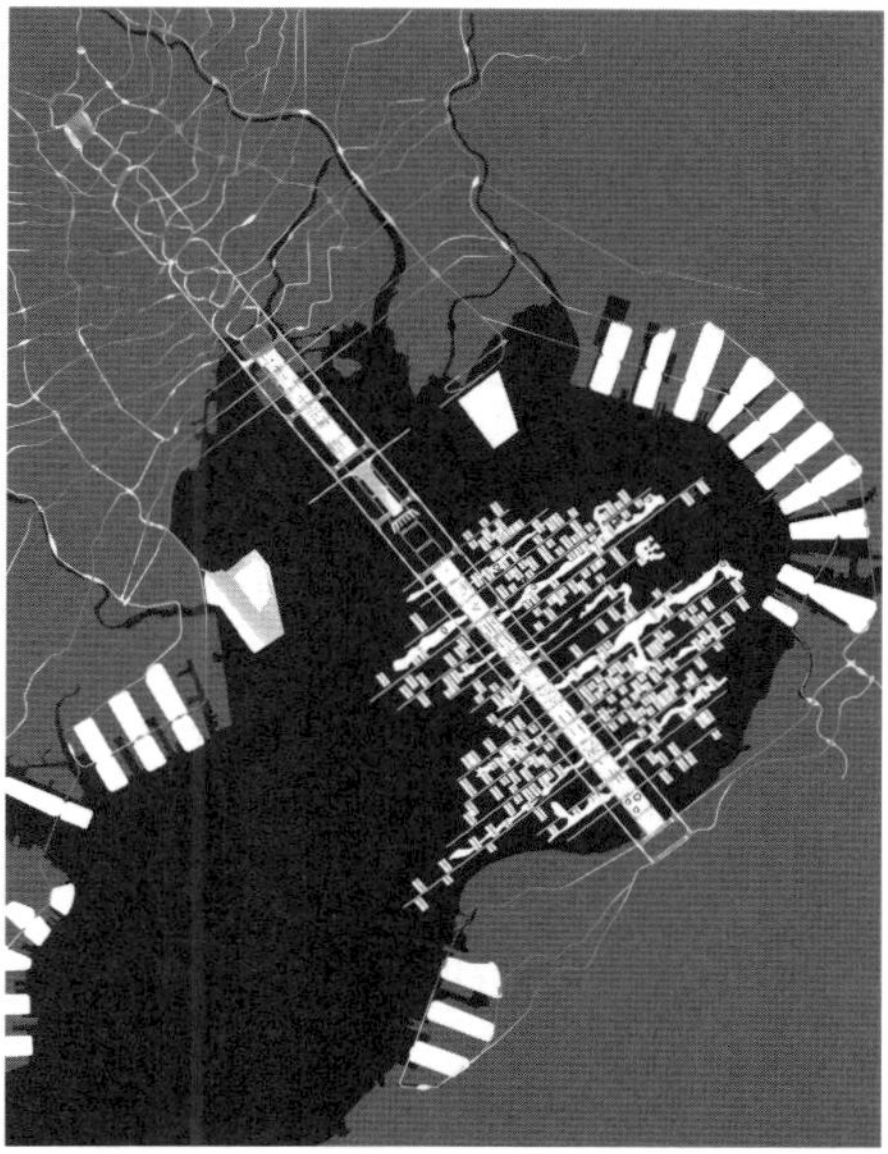
［図 3］《東京計画 1960》CG 上空図
制作：水谷晃啓（UPG.@S.I.T）

官庁の連絡センター、最高裁判所、大学院、研究所、国際会議場などを建設すると謳っている[図4]。その根拠として、磯村は富士山麓が東京近郊でありながら、潤沢な国有地が広がり、かつ「名古屋―大阪につながるパイプの中間にある」[8]ため首都移転するには最適地である、と主張した。

これに対して、丹下は磯村の富士山麓遷都案を高く評価しつつ、この計画をもってしても東京の混乱がすべて解消できるとは思わないと批判している。と言うのも、丹下の計算によれば、当時の日本の都市人口は、年間八〇万人ずつ増え、そのうちの五〇万人を東京都とその周辺で引き受けていた。このため、都心のボトルネックを解消するには第一に東京に流れ込む人口を減らすこと、第二に東京がせめて年間三〇万人は迎え入れられる態勢をつくることが重要とした。丹下から見て、富士遷都は第一の課題への部分的回答になるが、根本的な解決策にはつながらず、都心に直結した海上都市こそ最も有効であると主張している。

二人の議論は平行線をたどったが、二年後、丹下は東京オリンピックの水泳競技場（国立屋内総合競技場）の設計を無事終え、《東海道メガロポリス》構想を発表し、富士山は再び議論の遡上に載せられた[図5]。この構想は《東京計画一九六〇》において、皇居を中心に南東方向の木更津に伸ばした交通インフラの軸線を西方向の富士山方向に向け直し、東京、名古屋、大阪を強く結束させる構想であった。この軸線の成り立ちをより詳細に捉えると、

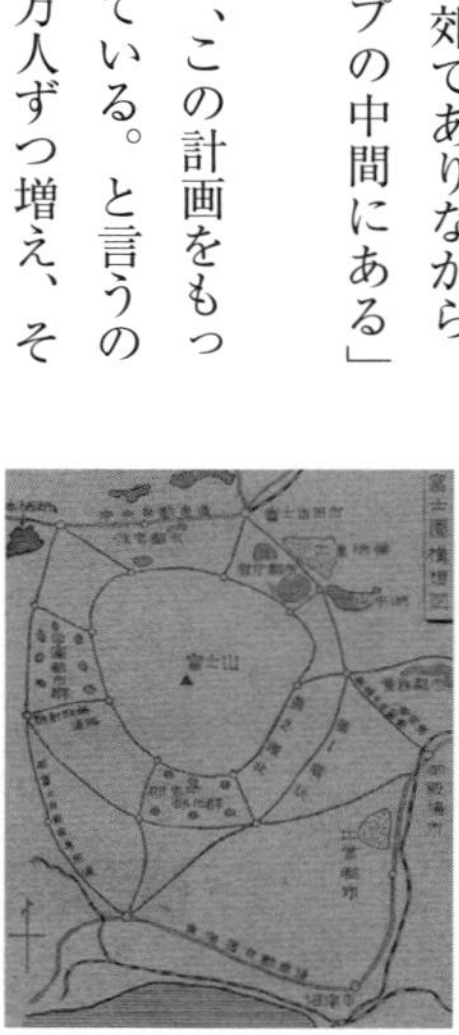

[図4]磯村英一による富士山麓遷都案　提供：読売新聞社

8　丹下健三、磯村英一ほか座談会「富士山と東京湾の対決：〝一千万人の引っ越し先〟はどっち?」『週刊読売』一九六二年八月一二日

①東海道と中央道を大動脈と見なし、それに付帯する開発エリアを建設する。幅にして三〇〇－五〇〇メートルの帯状の土地を確保することで、将来起こりうるあらゆる交通技術の変化に対応でき、交通・コミュニケーションの需要の増大を満足させる。

②こうした大動脈と連結する都市内交通体系のパターンを再組織してゆく。東京、名古屋、大阪などの交通体系はすべてが都心に向かうようにできているため、これを改造して中心に縦型の都市軸をつくり、そこから直角に平行の道路を出すような体系に改造してゆく。

③こうした交通、コミュニケーション建設を幹や核にたとえれば、個々の建築（オフィス、工場や住宅その他）は木の葉となる。幹としての交通と葉としての建築とは、有機的に連結させていなければならないが、この連結のされ方が都市の姿を変化させてゆく。空中都市とも言いうるような都心地区、人工土地のシステムを取り入れた住宅地などは、こうした交通と建築の新しい連結の仕方を示すものである。

④現在とられている分散型都市化政策は、自然と歴史を破壊しつつある。これに対して、空中都市や人工土地のシステムを導入することによって、コンパクトな密度の高い、都市性のある都市を建設できる。そして都市が無秩序に自然を浸食してゆくことを阻止し、美しい海や山野を、また

［図5］《東海道メガロポリス》

日本文化の歴史の跡を保存できる[9]。

丹下はこの構想を論じるにあたって、従来の首都圏、中京圏、近畿圏といった圏域概念が互いの地域の発展を阻害してきたと主張する。この圏域の概念は東京、名古屋、大阪をはじめとしてすべての都心の骨格を形成してきたが、丹下はこうした圏域概念を打破する契機は新幹線、高速道路であり、これに沿って各都市の交通体系を改造して、それにうまく接続する建築を提案すべきと言う。さらに丹下は経済学者の予測を引きながら、日本は高度消費社会へ向けて離陸し、公共投資がなおいっそう増えるとする。従来の分散型都市化政策では地方からの陳情に応じて公共事業をバラまいてきたが、丹下はそれを否定し、国内で最も生産性の高い東海道地域に集中的に投下することで「日本列島の将来像」が描けるとした。

特に丹下は③の交通インフラの大幅な刷新に伴って、新しい住宅形式の創出を唱え、《富士山型住宅団地》を披露している[図6・7]。これは高さ一五〇メートル、底面の直径五〇〇メートルの集合住宅で、そこに約三〇〇〇〇戸の住宅が収用されている。当時の住宅公団の団地に比べると四、五倍の利用率となっており、その内部ががらんどうで、《国立屋内総合競技場》で用いた吊り屋根構造を応用している。丹下によれば、東海道、中央道沿いの帯状エリアを集中的に開発し、そこから枝分かれした限られた土地の上に住宅地を集約させることで、その外側に広

9　丹下健三「あすの都市の姿」『朝日新聞』一九六五年一月一日

10　「東海道メガロポリスの形成」（初出：一九六五年三月）『建築と都市　デザインおぼえがき』彰国社、二〇一一、七六頁

[図6・7]《富士山型住宅団地》提供：朝日新聞社

がる地域は④に示されたような自然保護や歴史遺産の保全が可能になると言う。

ここで《東海道メガロポリス》と首都移転、特に富士山麓との関係に注目すると、丹下は一九六五年の段階で以下のように記している。

> 現在、これ〔筆者註：東海道メガロポリス〕に関連した問題として、その頭脳的役割を果たすべき首都をどこにおくべきかの問題があると思います。結論的に私の意見をいえば、東海道メガロポリスの内部であれば、どこにでもよくはないかと思っております。東京湾上に出すのもよかろう、富士山麓においても、東海・中央の二つの力点を結ぶ新しい都市を考えるのもよい〔10〕。

丹下は一九六二年の段階では、磯村の富士山麓遷都論よりも自らの《東京計画一九六〇》の優位性を強調していたが、一九六五年には磯村案をも包含する国土構想を打ち出すに至った。言い換えれば、丹下は東京─名古屋─大阪をつなぐ「パイプの中間」としての富士山麓構想と、自らの海上都市構想をメガロポリス的な発想で止揚したとも言える。

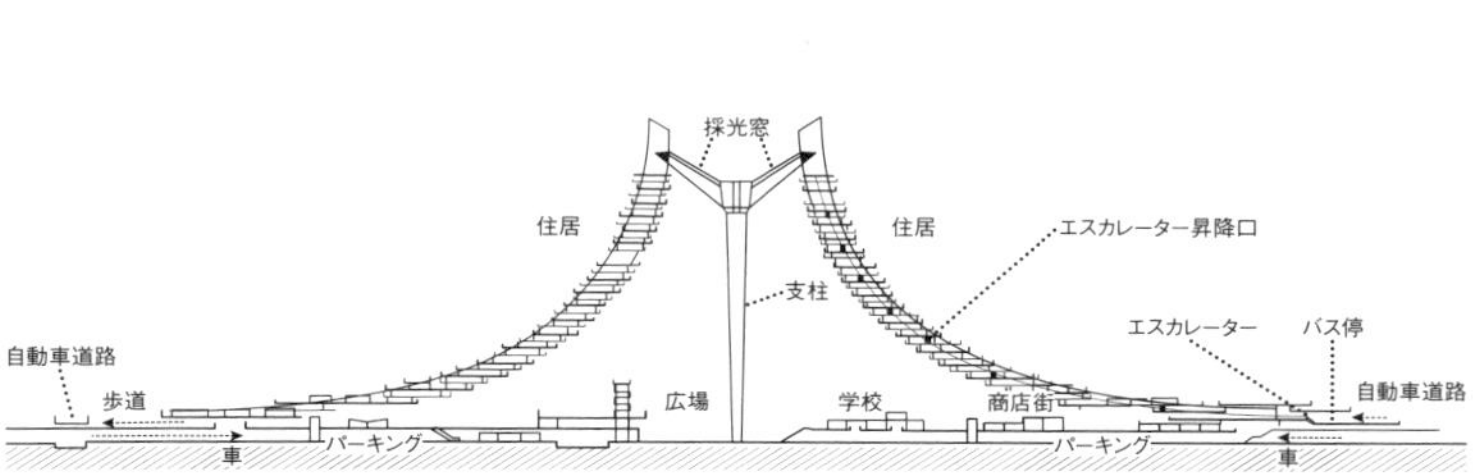

《富士山型住宅団地》断面図
人工宅地は真ん中の支柱からケーブルで吊ってある

オイルショック以後——ナイジェリア新首都計画における聖なる山と軸線

丹下は《東海道メガロポリス》の発想を下敷きとして一九七〇年の大阪万博のプロデュースに成功し、世界中の為政者から注目を浴びることとなった。と言うのも海外に目を転じれば一九六〇年代以後、アフリカ諸国が西欧列強からの独立を果たし、中近東諸国も含め豊富なオイルマネーを元手に近代的な国づくりを始めようとしていた。その際に、宗主国で流行している建築家やデザイナー以上に、非西洋の建築家のアイデアこそ必要とされていた。たとえば、アルジェリアは一九六二年に宗主国フランスから独立したばかりであったが、丹下がたった数年のうちに一〇〇万坪（約三三〇ヘクタール）の竹やぶにすぎなかった大阪千里を未来都市につくり変えたことにアルジェリアの為政者たちは目を奪われたと言う。その結果、丹下はアルジェリアで大規模なオラン総合大学・病院・寮（敷地面積約五〇〇ヘクタール、延べ床面積約三九万平方メートル）を設計する機会に恵まれ、海外で活躍する日本の建築家として名を馳せていった。さらに一九七三年のオイルショックは日本経済に大きな衝撃を及ぼしたが、産油国側から見ればオイルバブルであり、ますます産油国の国土開発はヒートアップしていった。この結果、丹下はサウジアラビア、イラン、シリア、クウェートなどで多くの宮殿デザイン、都市デザインを担当した。その際の有力な手法の一つが聖なる山と軸線の配置であり、言い換えれば、富士山・皇居・高速道路で錬成した方法論の輸出であった。

一九七九年、丹下はナイジェリアのＦＣＤＡ（Federal Capital Development Authority：新首都建設庁）から国土の中央に位置するアブジャに新首都の計画をするよう依頼を受けた。丹下事務所のスタッフがＦＣＤＡのメンバーとともにセスナでその敷地に降り立つと、見渡す限りのサバンナであり、聖なる山アソ・ヒル[11]が聳え立っていた。

既存の街が全くないサバンナからのスタートであったが、まず問題になったのが街区のスケールの決定であった。丹下事務所が設計に取りかかる以前、アメリカのＩＰＡ（インターナショナル・プランニング・アソシエイツ）が、二四〇メートルグリッドを使った街区検討をしていたと言う。これに対して丹下は「二四〇メートルグリッドを一回無視しよう」[12]と主張し、ワシントンの国会議事堂、ブラジリアなどを分析したところ、それらがすべて同じ二四〇メートルグリッドでできていることが判明し、丹下はアブジャでも二四〇メートルグリッドを採用することに決めている。

次に街区グリッドの基準点を決める際、最も重視されたのが聖なる山アソ・ヒルと三権施設（国会議事堂、大統領府・官邸、最高裁判所）の配置であった。丹下はアソ・ヒルに照準を合わせ、〈中心軸〉の位置を決定し、その軸線上に国会

11　古市徹雄（元丹下事務所員）はアブジャの鉄条網に囲まれたＦＣＤＡキャンプに常駐した頃を回想し、「ある朝、ドンドコドンドコ、太鼓の音で目が覚めて外を見ると、鉄条網の外に何百人もの半裸のハウザ族が槍かなんかを手にして並んでいる。アソ・ヒルは彼らの聖地だから、その麓での計画はやめろというわけです。どうなることか心配して手近にあった棒なんかを握りしめたんですが、そのうち、警備の軍隊が駆けつけて、機銃で威嚇射撃して追い払ってくれた」。藤森照信＋丹下健三『丹下健三』新建築社、二〇〇二年、三九八頁

12　「インタビュー37：古市徹雄」前掲書1、六五二頁

議事堂を配し、さらにその両翼に大統領府と最高裁判所を配した。その際、国家元首が〈中心軸〉に沿って国会議事堂にアプローチすると、国会議事堂正面に空いた額縁状の穴からアソ・ヒルが捉えられ、徐々に周囲がトリミングされていく、という劇的な演出を想定していた［図8］。戦前における丹下の取組みを踏まえれば、アブジャでの新首都計画は富士山を焦点として軸線を設定し、富士山が最も映えるように建築群を配置する手法の発展形であると同時に、戦前ドイツの建築家アルベルト・シュペアのベルリン計画に匹敵するパワー・デザインでさえあった。

一方で、ナイジェリアが産油国として豊富な資金を有していたこともあり、アブジャでの首都計画はバングラデシュやインドの首都計画とは異なり、ビジネスゾーンに高層ビルが林立する本格的な開発が想定された。このため交通計画が極めて重要な位置を占め、当時としては珍しかったコンピュータによる交通量計算が行われ、渋滞予測が行われている。丹下は設計当初からビジネスゾーンやショッピングゾーンの案をつくっても、その通りにはできないと判断し、三権の建物だけをきちっとつくろう、と発言していた。これはナイジェリア以前に取り組んだ《スコピエ復興計画》（一九六五－一九七三）において、当初の案が様々な経緯で変形を余儀なくされた苦い経験に裏打ちされていた。

その後、ナイジェリアは幾度かの政変を経て、アブジャに首都が建設され、丹

［図8］ナイジェリア国会議事堂とその奥に聳えるアソ・ヒル　模型撮影：村井修

下のデザインとは異なる国会議事堂が建つことになったが、アソ・ヒルと〈中心軸〉と三権施設の関係性は保持され今日に至る。

バブル期——シンボルを目指した《東京都新庁舎》とCitta Nuova（新都市）の可能性

オイルショック以後、丹下は日本国内の仕事は《赤坂プリンスホテル》や《ハナエ・モリビル》（いずれも解体済み）などの商業建築に限定されていた。一方で、大阪万博の事務局長を務めた鈴木俊一が一九七九年に東京都知事選に立候補する際、丹下は鈴木陣営の確認団体「マイタウンと呼べる東京をつくる会」の会長を務めることになった。丹下は万博以来の旧知の仲である鈴木の応援団長として奔走し、鈴木は無事当選を果たした。その後、選挙翌年の一〇月に開かれた「東京・ニューヨーク都市問題シンポジウム」で、丹下は自らの基調講演を以下のように締めくくっている。

鈴木知事も、一九八〇年初頭に新庁舎を新宿に置くという初夢をご覧になったと云っておられますが、しかしこれは夢ではなく、より現実性を持つものとなりつつあるように想われます。日本の都市には市民広場がなかったと申してきましたが、マイタウン東京のシンボルとして、何と言っても《東京都民広場》をつくり出す事が重要に想われます。そこには東京の文化、芸術に関する全ての情報が都民にサービスされうるような博物館、美術館、劇場、図書館などの総合的機能をもった施設が新しい庁舎前の広場を囲んで立っている情景を私は今、心に抱いております。私たち都民にとって東京を総体としてマイタウンと感じるということは、た易いことではありません。それには何かシンボルが必要であります。私はそういったシンボルとして新しい都民広場を心に描いております。そしてそれは次の世代に誇らしげに引きついでゆけるようなものでありたいと念願しております[13]。

この文面だけから判断すると、《東京都民広場》があまりに具体的に描かれているため、すでに新庁舎の設計者に丹下が決まったかのような印象さえ受けるが、あくまで丹下の心象風景の吐露であり、この段階では庁舎コンペが実施されるか否かさえ決まっていなかった。しかし、ここで興味深いのが、東京の「シンボル」という言葉が何度も強調されている点である。そもそも丹下は、一九五〇年代には機能主義を脱却するために都市の様々な機能を交通インフラによって統合する構造主義を強調し、《東京計画一九六〇》を編み出した。さらに丹下は六〇年代に「象徴と空間」という問題に言及して、《国立屋内総合競技場》や《東京カテ

13　丹下健三「基調講演」『東京・ニューヨーク都市問題シンポジウム』東京都、一九八〇年、一二一―一三頁

ドラル》が「現代精神の象徴とは何か、などという大げさなものではなかったが」「すぐれた象徴は、そこにこめられた意味をもっとも濃縮した形に昇華させている」とし、「現代の建築にも、また都市空間にも、なにか、現代の象徴が求められている領域がある」[14]とする。こうした経緯を踏まえると、丹下の言うシンボルには濃縮された建築表現が準備され、そこに市民が集い、その時代の精神を感じ取るような場が設定されているはずである。実際に一九八六年に《東京都新庁舎》の指名コンペが行われ、最優秀に選ばれた丹下案は一九九一年に実現しているが、竣工後に丹下は中世都市にとって教会とか市庁舎というのはシンボルになっており、「新庁舎の場合には、都にとってはシンボルになるものでなければいけない」[15]と繰り返し表明している。しかし、戦前に丹下が英米の超高層建築を「金権的支配の欲望にそのかたちを与えた」として批判したように、この新庁舎は《国立屋内総合競技場》などに込めた時代精神の現れとしてのシンボルではなく、市民を寄せ付けない「支配意志」のシンボルとして多くの識者から批判された。

ではなぜ、丹下はかつて富士山・皇居・高速道路による卓抜な案により国民国家の課題に応答できたにもかかわらず、晩年の《東京都新庁舎》において非難を浴びるに至ったのか。そもそも先に触れた《東京都旧庁舎》の延べ床面積は三万一三五〇平方メートルであり、新庁舎のそれは三八万五〇二平方メートルと

14 丹下健三「空間と象徴」『建築文化』一九六四年七月、一〇二－一〇三頁

15 「丹下健三インタビュー：建築の長寿を考える時代」『新建築』一九九一年五月、一九七頁

約一二倍にふくれあがっている。また、建物高さも前者が三一メートルだったのに対して、後者は二四三メートルとなり、約八倍となっている。このことからしても、東京都が処理すべき行政課題が約三〇年で爆発的に拡張し、それに比例して財政規模も格段に膨張したことがわかる。言い換えれば、新宿副都心における敷地の狭さに比して新庁舎への要求難易度が高くなりすぎ、一本の超高層に大半の機能を詰め込まざるをえなかった。

その一方で、丹下が中近東やアフリカの為政者との交流の中で、そこに生きる民衆の生活とは何か、彼の地の民主主義に建築がいかに関われるかがテーマとならず、為政者の壮大な要求に真面目に応えようとする傾向が芽生えた点は否めない[16]。これは昨今行われた《新国立競技場》コンペで建築家ザハ・ハディドが流線形の超巨大施設を提案し最優秀に選ばれたが、敷地である神宮外苑の歴史性や景観を全く無視していると批判されていることと無縁ではない[17]。新庁舎と同様、発注者である所管官庁幹部が提示した過剰な仕様（多すぎる観客数）によって引き起こされた不幸である。それと同時に、リーマンショック前までドバイ近辺で蜃気楼のような都市開発ヴィジョンを乱発した建築家が、極東の島国で実現の機会を得たとも言えよう。

とは言え、私見を申せば、そもそも新庁舎の敷地選びにも欠陥があったのではないかと思えてならない。もし敷地が新宿副都心の超高層街区ではなく、ＪＲ

16 「磯崎：唯一者の位置に自分をおくということは、自分自身が権力の表現のようなものですから、権力がもろにスケールを介して見えてくる。そのようなことが実際に起こってきています。丹下さんの仕事の中でその間の変換がどこで行われたのか、僕には非常に関心があるのです。中近東での経験かなという気がする。（中略）中近東では相手は王様しかしないから、王様と対等で王様を表現しなければならないという至上命令のようなものです。中近東から日本に戻ってこられたときに、方法が変わっていたというのが僕の印象です」。大谷幸夫、磯崎新、黒川紀章「東京都庁舎を解析する」『建築雑誌』一九九一年九月、一八頁

17 槇文彦「新国立競技場案を神宮外苑の歴史的文脈の中で考える」『JIA MAGAZINE』二九五号、二〇一三年八月

新宿駅そのものであったならばどうなるか、ここで思考実験してみたい。まず、山手線、総武線、中央線、埼京線などをまたぐ人工地盤を都民広場として活用し、現状の都庁舎のように超高層棟と議会棟で都民広場を囲む。足元では一日平均約七四万人[18]の群集が出入りし、多くの市民が都民広場にアクセス可能となり、上空には膨大な量の執務スペースが積層されてゆく（現在のＪＲ新宿駅南口の開発状況、特に「バスタ新宿」をイメージしていただけるとわかりやすい）。さらにこの案の最大のポイントは超高層棟─都民広場─議会棟の軸線に直行して中央線が走っている点である。

中央線は皇居のある東京駅と山梨方面（つまり富士山）を結ぶ路線であり、丹下がかつて描いた大東亜道路の軸線に代わる役割を果たしてくれるのではないか。もしこれが実現していれば、東京都庁舎は日本最大の乗降客数を誇るＪＲ新宿駅を包含した複合施設となり、かつてイタリア未来派の建築家アントニオ・サンテリアが描いたCitta Nuovaに匹敵する新しい公共空間が生まれた可能性がある。いかに高い超高層庁舎であっても、それ以上に高い富士山のシンボル性を引き立てることができ、また首都東京の中心部である皇居を富士山と対置させ、都庁舎はあくまで富士山と皇居をとり結ぶ役回りに徹すれば、丹下の晩年の傑作として後世に語り継がれたかもしれない。あるいは二〇世紀末に現れた国民国家幻想として批判されたかもしれない。

18　ＪＲ東日本ホームページ「各駅の乗車人数」http://www.jreast.co.jp/passenger/

近代建築と共同体の問題こそ二〇世紀建築の重要課題

これまでの議論を簡単にまとめてみると、一九三〇年代、ヨーロッパでは白い衛生陶器のごとき貧弱なモダンデザインが流行した。その反動として革命の父レーニンの巨像を頂上に配する歴史主義デザインがモスクワの《ソビエトパレス》に提案され、日本では帝冠様式が日本的デザインとして幅を利かせていた。言い換えれば、機能主義を標榜する近代建築のフォルマリズムと民衆と歴史を標榜する社会主義リアリズムの間で建築意匠の世界は混沌とし、二〇世紀の国民国家と建築はどのように関係を取り結ぶべきか、多くの建築家が逡巡していた。

そうした中で、丹下健三は《大東亜建設忠霊神域計画》（一九四二）を提案し、覇権国家日本の重要課題が視覚的に捉えられるようデザインした。この案で、丹下は富士山と皇居を一本の高速道路で結び、富士山麓に戦没学徒慰霊の広場を計画したが、これは共同体の統合にとって不可欠なシンボル（聖なる山と聖なる場所）を近代的なインフラでつなぎ、戦没者とつながることで共同体の歴史的正当性を確認しようとするものであった。ここにフォルマリズムと社会主義リアリズムの都市スケールにおける止揚、建築における近代の超克の一例を見て取ることができる。

戦後に入ると、丹下は東京の人口過密状態が経済発展を阻害している点を鑑み、東京湾上に海上都市を建設する《東京計画一九六〇》を提唱した。一方で社会学者磯村英一は富士山麓遷都論を展開し、首都の権力分割こそ重要であると強調する。丹下は富士山麓遷都を評価しつつも、人口過密の根本的解決に至らないと指摘し、磯村は丹下案の現実性に乏しさを指摘していた。その後、丹下は《東海道メガロポリス》を提案し、国土全体の改造の必要性を訴えた。その趣旨は東海道付近を集中的に開発エリアとし、そこから分岐する住宅地も高密とすることで残りのエリアの自然環境や歴史遺産を守れる、というものであった。その際、丹下がモデルとして提示したのが吊り構造を駆使した《富士山型集合住宅》であった。また、この《東海道メガロポリス》は東海道のどこに首都機能をおいてもかまわないため、磯村の富士山麓遷都をも許容する構想となった。

オイルショック以後、丹下は産油国の都市開発、首都計画を数多く手がけ、その代表例であるナイジェリア・アブジャの新首都計画では聖なる山アソ・ヒルの麓に二四〇メートルグリッドの街区を制定し、その〈中心軸〉をアソ・ヒルに合わせる計画とした。そして、〈中心軸〉上に国会議事堂を配して、国会議事堂に四角い穴をカメラのファインダーのように刳り抜くことで、為政者が〈中心軸〉に沿ってアプローチすると、四角い穴からアソ・ヒルの威容を拝めるようにデザインした。こうした工夫は富士山・皇居・高速道路で練成した方法論の発展形、もしくはシュペア的なパワー・デザインであり、日本国内で準備したシンボルの操作を海外に輸出したことになる。

バブル期に入り、丹下は《東京都新庁舎》コンペで最優秀を獲得するが、それ以前から新庁舎が東京都民のためのシンボルでありたいと常々強調してきた。しかし実際出来上がった庁舎に対して、多くの識者から都知事のためにだけ捧げられたシンボルであると批判されてしまう。こうした事態は東京都の行政能力、財政規模の爆発的増大にも起因するし、また丹下と中近東やアフリカの為政者らとのやりとりの中に根源があるとも考えられよう。一方で新庁舎の欠点を富士山にひきつけて考えれば、敷地を新宿副都心ではなくJR新宿駅として、都民広場を現在のJR新宿駅南口のように人工地盤上に設け、高速道路を皇居と富士山を結ぶ中央線に見立てれば、二一世紀型の複合型公共空間が生まれたとも考えられる。

総じて近代建築と共同体（国民国家）の問題こそ二〇世紀建築の重要課題であり、丹下はこれを国内外の公共建築の問題に変換して捉えてきた。先に触れたとおり、近代建築は歴史性や地域性を排除するモーメントをもち、直近の流行さえ否定する革新的傾向を有した。一方で共同体は歴史性と地域性に根拠をもたざるをえない。その際に、丹下が見出したのは敷地の外側（建築家の手の届かない彼方）に富士山や皇居のごときシンボルを確認し、その麓に広がる下界に軸線を通すことで秩序を与え、有機的なピュシスを現前させようと試みたと考えられる。

戦後の《東海道メガロポリス》も富士山麓遷都も、今日的に見れば開発至上主義者の誇大妄想のようにも思えるが、高度経済成長の波に乗って国家そのものが変容しつつあった一九六〇年代においては十分な説得性を帯びていた。さらに新興産油国での首都計画も丹下の明瞭な方法があってこそ短時間で実現できたわけだが、現地の生活者への視線やスケール感に対する丹下の感覚が麻痺していき、モラルとは無縁の境地に達したのではないか、とも推測される[19]。

こうした過度なボリュームへの麻痺が《東京都新庁舎》を生んだのか、それとも課題を設定した東京都幹部が麻痺していたのか。この問題はオリンピック招致へ向けた昨今の《新国立競技場》コンペにおいても反復されている。いずれにせよ、オイルショック以後の新興国の首都建設、バブル期の首都東京の庁舎問題は経済規模が大きくなりすぎた共同体（豊かになりすぎた首都）とその表象としての公共建築のギリギリのせめぎあいであり、二一世紀の都市と建築の重要な論点を提示している。

19 建築家レム・コールハースはこの問題をBignessと総括し、一定規模以上の都市計画におけるモラルの喪失を指摘している。

二　丹下健三のヴィジョンと風景

丹下健三は戦後日本を代表する建築家、都市計画家であり、《広島戦災復興計画》を皮切りに、《広島平和記念公園》《東京都旧庁舎》《香川県庁舎》《東京計画一九六〇》《国立屋内総合競技場》《東京カテドラル》《山梨文化会館》《大阪万博お祭り広場》など多くの傑作を残したことで知られる。丹下は「都市と建築の有機的統合」という目標のもとに、これら一連の作品群の設計を大学内の研究室において進めた。そこでは恣意的なデザインをできるかぎり廃し、国勢調査など（今日的に言えばメガ・データ）を駆使した統計数理的な分析に基づいて建築形態、都市空間、国土の未来像を導きだそうとしていた。この方法は客観的な統計データを可視化する技法（「見える化」の技法）であると同時に、建築家の構想力（ヴィジョン）により巧みにトリミングされたものであった。

さらに一九六〇年代に入ると、コンピュータによる産業や人口の統計データの処理に加えて、ケヴィン・リンチの『都市のイメージ』（*The Image of the City*, 1960, Technology Press & Harvard University Press）に代表される都市空間の視覚情報や、ジャン・ゴットマンの『メガロポリス』（*Megalopolis, the urbanized northern seaboard of the United States*, 1961, MIT press）に代表される国土スケールの巨帯都市域の研究技法が丹下研究室（丹下研）に導入され、大阪万博の会場計画の中で昇華されるに至った。

ここではまず、丹下が戦後間もない頃から研究室において国土と都市、各々のスケールを可視化する「見える化」の技法をいかに編み出したかを概観する。また、六〇年代にアメリカからもちこまれた「見える化」の技法がどのように受容されたかを振り返る。以上の成果が大阪万博の会場計画にいかに反映されたかを検証し、丹下のヴィジョンと磯崎のそれがいかに相補的な役割を演じたかについて触れてみたい。

国土の「見える化」

渡米以前の国土を見る技法——生産力の把握と全総計画

終戦後、丹下は東大建築学科に高山英華教授、丹下助教授の講座制のもと研究室を構えたが、その活動の一環として国土全体の生産力を把握する試みを行っている。当時の国土計画に対して言及していたのはもっぱら都市計画家と都市経済学者であったが、丹下は卒論生の大林順一郎（建設省に入省後、出向中の経済安定本部で第一次全国総合開発計画の素案を書き上げた官僚）とともに両者の方法論を批判して、まず都市計画の代表例として石川栄耀を遡上に上げている。大林は石川が「都市集中主義の非を指摘した。彼らは都市の分散を唱え、都市と農村との均衡問題を取り上げて圏域構成に結論づけるものが多い」とし、石川の「生活圏構想」を「どの程度の実質的な国民生活の向上が期待できるかは疑問である」[20]と結論付ける[図9]。

続いて大林は都市経済学者の代表例として、吉田秀夫、日下藤吾、奥井復太郎らを挙げ、「資本主義経済社会体制の内包する矛盾を指摘することによって資本の私的所有が後景に退き、生産の社会的性格が客観的に前景に現はれるという歴史的前提を説明することにより、国土計画を経済的に規定しようとするものであり、生産の社会化を目標として、工業土地の問題をとり上げ」るが、「抽象論に堕して具体性に欠ける」[21]と批判する。

こうした批判を行う丹下と大林の主眼は国民所得の増大・均等・安定の実現に向けられ、その実現のために国土の「見える化」に関する研究を行っていた。たとえば、一九五〇年（昭和二五）、丹下は国民所得に関する目標を具体的に指し示すために、経済安定本部（後の経済企画庁）に対して、報告書「国土計画の方法論に関する考察」を提出し、工業並びに農業の労働生産性の変化と人口の移動のトレースを関連付けようとする[図10]。この研究の要点は経済学者ポール・ダグラスとコーリン・クラークに倣いながら、各都道府県の工業（もしくは農業）

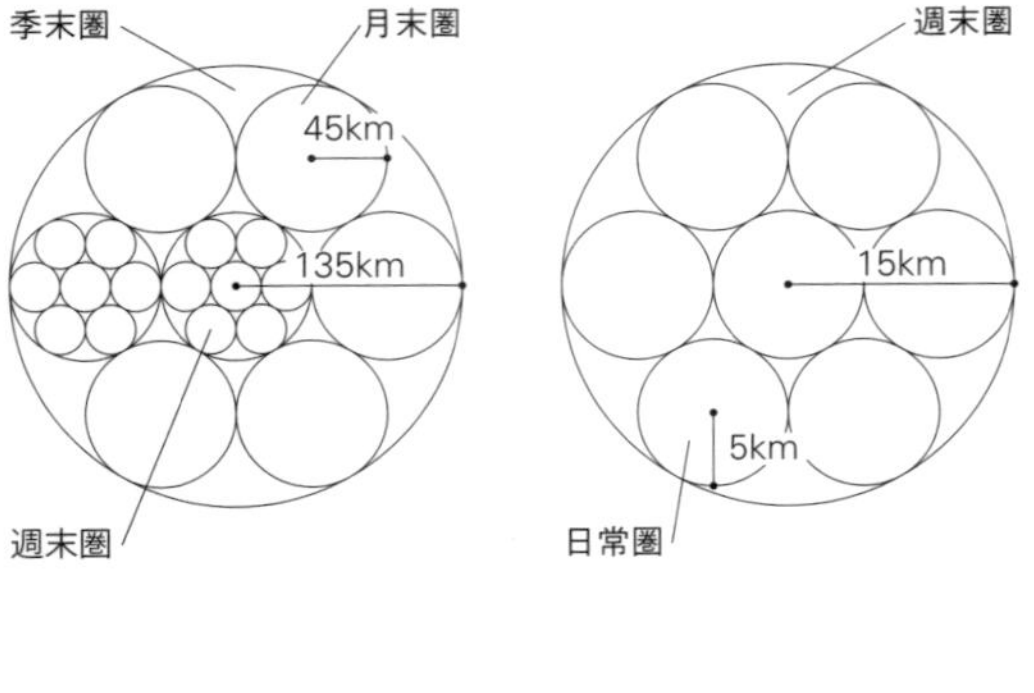

[図9]石川栄耀の「生活圏構想」日常圏（半径五キロメートル）、週末圏（半径一五キロメートル）、月末圏（半径四五キロメートル）、季末圏（一三五キロメートル）という階層のもとに市民の行動半径を規定している。

労働人口Lと投下された資本の量Cに対する生産量Pを関係付ける点にあり、生産性の高い県とそうではない県の差異が可視化される点にある。この図によって、今後どの地域にどれほどの人口と資本を投下すれば、生産力の向上が図れるかを「見える化」できる。

実際、丹下の方法は当時の経済安定本部でも注目を浴びたが、その背景には旧建設省的な土木事業のバラマキでもなく、旧通産省的なエネルギー政策の一本調

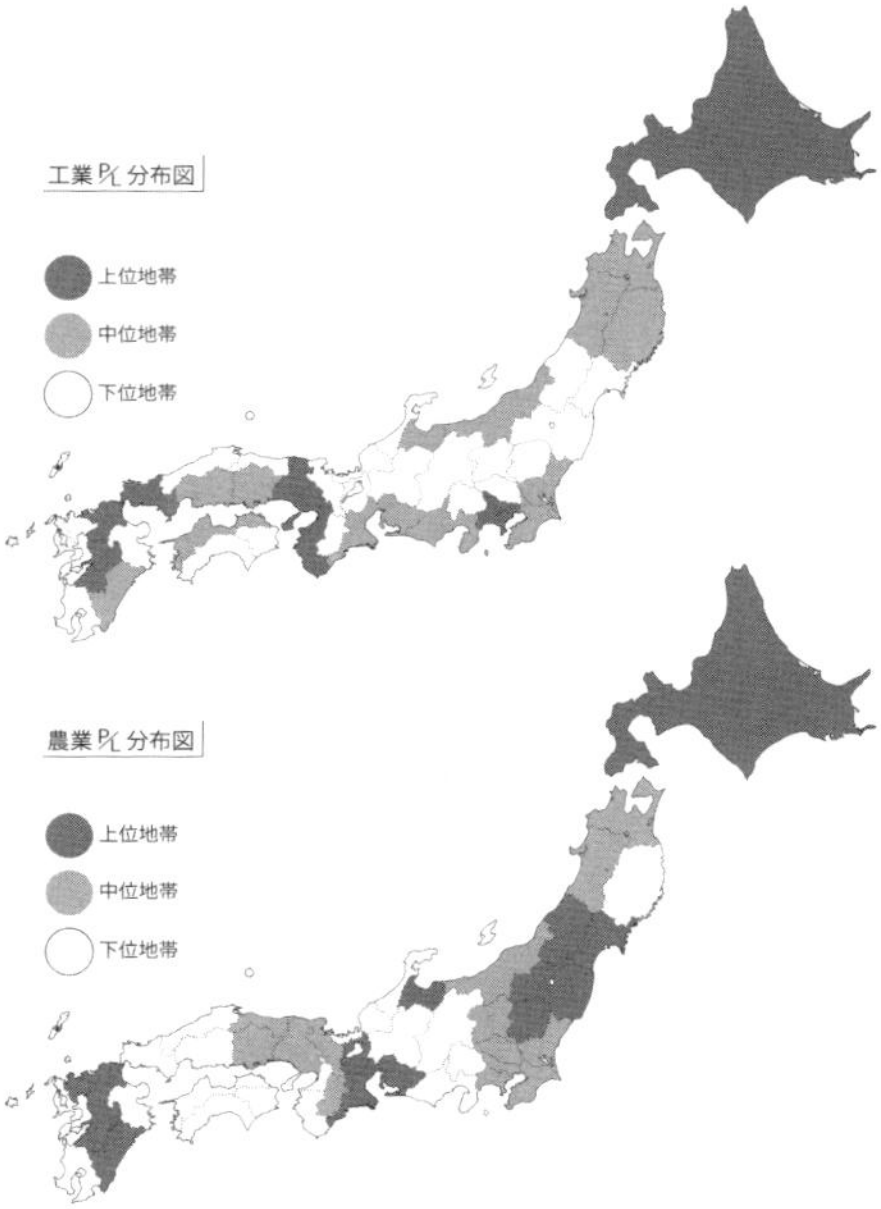

図10　労働生産性の変化と人口移動
労働人口Lと投下された資本の量Cに対する生産量Pを関係付けている

20　大林順一郎「国土計画の方法論に関する考察」一九五〇年六月、総合研究開発機構戦後経済政策資料研究会編『経済安定本部戦後経済政策資料三十六巻：建設』日本経済評論社、一九九四年、二一八－二一九頁
21　前掲書20

子（石炭なら石炭にだけ資材をすべて投じる視野狭窄）とも異なり、地域的な広がりと資本と労働力の分布を理性的に把握しようとする点で秀でていた。しかし彼らの採用した統計データと生産力算出方法の精度が低い点は否めず、経済安定本部内では他の分析方法に更新されていった、と言う。

ゴットマンのメガロポリスと東大都市工学科、日本地域開発センター

一九五〇年代後半、アメリカでは地理学者ジャン・ゴットマンがメガロポリスについての研究を進めていた。社会学者磯村英一は一九五七年（昭和三二）に渡米した際、ジョイント・センター（Joint Center for Urban Studies of MIT and Harvard Univ.）[22]においてゴットマンの中間報告を見聞した旨を記している。その後、一九六一年にはゴットマンによる著書『メガロポリス　アメリカ合衆国北東地区臨海部の都市化地帯』によって公のものとなった[23]。

磯村によれば、メガロポリスは二〇世紀初頭に出現したメトロポリス（大都市）の発展形態として見なされることが多く、当時の日本では二つの対極的イメージ——超大都市（super metropolis）と長屋形式の連担都市——に割れていた。前者は「ナショナル・レベルにおける適正かつ合理的大都市配置の計画場面における都市状態」[24]、つまり全国総合開発計画に馴染み得る未来都市像であり、都市計画家ドクシアディスや丹下健三に代表される。それに対して後者は無計画で

22　MITとHarvard Univ. の教授などで都市研究に興味のある人々が集まって共同研究する場所。磯村英一「第二章　メガロポリスの理論」『日本のメガロポリス　その実態と未来像』日本経済新聞社、一九六九年、一五頁

23　磯村によるメガロポリスの要約に従えば、①メガロポリスとは陸地の五パーセントのエリアに人口の一五－三五パーセントが集まる特殊地域であり、②人口の高密度地域であること、③人口の集中と同時に内部的には分散が生じ、④この人口の移動が土地の利用に影響を与えること、⑤都市化された地域であること、の五点に集約される。前掲書22、一七－一八頁

24　前掲書22、二二頁

無方向に膨張化した大都市相互が機能的、地域的に癒着一体化した状態、つまりゾーニングとは無縁な高密連担都市群であり、行政学者吉富重夫に代表される。

一九五九年（昭和三四）にMITの客員教授として渡米した丹下は、ゴットマンによるメガロポリス的発想やジョイント・センターの組織そのものに刺激を受け、東大都市工学科と、日本地域開発センター[25]の設立に奔走した。この日本地域開発センターは国土計画や地域政策に関係する産官学の様々な専門家が集い議論する組織であり、丹下はそこでの講演（公開講座「大都市開発のヴィジョン」一九六四年七月）で自らの国土ヴィジョン《東海道メガロポリス》を発表している。この中で丹下は経済学者W・W・ロストウの『経済発展の諸段階』を引きながら、日本が伝統的な社会から離陸し、成熟社会・高度大衆消費社会に突入するであろう、と予測した。具体的には、東京オリンピックで約一兆円の公共投資が行われ、一九六〇から二〇〇〇年までのそれは六三〇兆円に達する、と見込んだ。また、日本はこれからコミュニケーション技術の革命により大きく変貌し、情報的・エネルギー的に連結した巨帯都市の時代がやってくる、と結論付けている。

丹下が描いた国土ヴィジョンはゴットマンのメガロポリスを下敷きにしながら、東京―大阪を結ぶ太平洋ベルト地帯を中軸（中枢神経）として、そこから枝が伸び、各エリア（手足部分）に到達する開発構想となった[図5参照]。しかし今日的にこの図を読めば、《東海道メガロポリス》から各地方に伸びる枝は新幹線・

25　一九六四年に設立。初期メンバーとして、会長小林中（海外技術協力事業団会長）、副会長茅誠司（東大学長）、芦原義重（関西電力取締役社長）、木川田一隆（東京電力取締役社長）、丹下健三（東大教授）他。

高速道路網であると同時に、首都圏、近畿圏へ電力供給する原子力発電所の送電網としても理解可能で、その末端には原発が誘致された、と考えられる。

「日本列島の将来像」のための国土開発地図の展開

こうした国土に関するヴィジョンは日本地域開発センターの重点課題となり、一九六五－六六年（昭和四〇－四一）には統一研究テーマとして「日本列島の将来像」が設定された。丹下は国土計画に関する産学官のエキスパートが結集する日本地域開発センターの中で、地理学者木内信藏とともに国土開発地図の開発に自らの役割を見出していく。この地図は当時の「日本の姿を将来の計画に対応する指標として地図化し、多数の人に理解して」もらうために資料収集したもので、それまで国土計画的な視点で地図化されたものは他に類例がなかった。ここで言う多数の人とは、国土計画に関係する経済学、地理学、社会学、都市計画、土木関係者といった異分野の専門家を指し、彼らが各々の領域でのみ通用する言語表現、統計表現を乗り越えて、視覚的に瞬時に情報を共有する方法を模索している［図11］。

丹下、木内のもとでこの作業を担当した田辺員人によれば、地図の編集に際し「数表の形でのみ表現された各種の統計は、それぞれがどのように精密なものであっても、その中から立体的な構造をもつ地域のあるいは地域間の複合現象を把

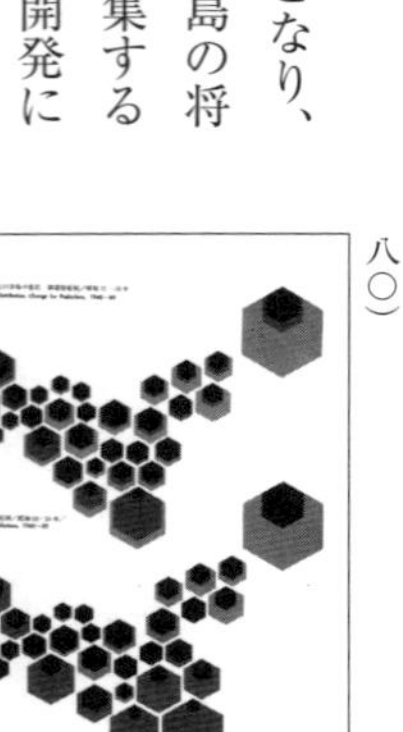

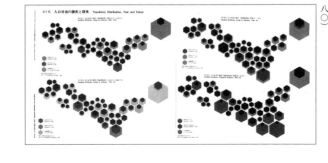

図11　四つの時代の都道府県別人口（一八九三－一九二〇、一九二〇－四〇、一九四〇－六〇、一九六〇－八〇）

握するためには非常にまわりくどい演繹を必要とする」[26]ため、「比較的目に付き易い部分的な現象の論証にとどまって、多くの矛盾にみちた構造の理解に及ばなかったり、また反対に、観念的な構造モデルを先行させ、それに従う部分的現象のみによって論証を積み上げる」[27]危険性に留意していた。このため、国土の地域構造を分析するための基礎的な資料を広く集め、なるべく統一した方法によって整理し、それらをグラフィックな表現によって視覚化することを目指した。また図の表現として注目されるのは、「府県単位の正六角形の連続によって、量の分布をそのまま地域構造の定性的表現に転化させようとするもの」[28]であり、今日の日本列島全体の表現として定番を生み出したと言える。

「日本列島の将来像」に各界から寄せられた注文

丹下らによる共同研究の動きは産学官を巻き込んで多くの関心を呼んだが、同時にこの国土ヴィジョンをめぐって、現実への足がかりをどこに見つけるかについて議論が取り交わされ、疑念も表明されていた。たとえば、一九六七年（昭和四二）一月、日本地域開発センターは各府県知事、産業界の重鎮、大学教授宛に二つの問い、壮大な国土ヴィジョンが必要か否か、また「日本列島の将来像」への具体的な期待について、アンケートを行った。

産業界からは鹿島守之助（鹿島建設会長、参議院議員）が「新技術開発には大

26 田辺員人「編集の趣旨」、丹下健三・木内信蔵監修『図集・日本列島の地域構造』日本地域開発センター、一九六九年九月

27 前掲書26

28 前掲書26

きい成果が期待され、国民の経済、社会生活の充実に貢献されよう。例えば電気自動車、空中列車、立体テレビ、テレビ電話等のほか原子力の平和利用開発」[29]を指摘している。芦原義重（関西電力社長）は「適地適業の原則に基づいた、合理的な、産業の地域的分業体制はいかにあるべきか」[30]に触れている。これはアンケート回答当時に美浜原子力発電所（一九六七年着工、一九七〇年大阪万博会場に送電成功）[31]の建設を主導した芦原らしいコメントと考えられる。水上達三（三井物産社長）は「一　経済構造を高付加価値的に転換する手法、二　技術の一層の開発と研究、三　若年労働力を補う中高年齢層の能力再開発、四　輸出内容そのものの再検討と、抜本的振興策の考究等を根幹とした総合的具体的なヴィジョン、五　海外特にアジア環太平洋諸国との関連におけるあり方」[32]を掲げ、グローバル展開を目指す商社らしい提言を行っている。

一方で、同じアンケートに一六府県もの知事が解答を寄せ、非常に興味深い論点を提示している。たとえば、関東甲信地区からは、岩上二郎（茨城県知事）が農業生産の近代化をはじめとした生産性の低い地域へのアプローチ、地方財源確立の重要性を指摘している。また天野久（山梨県知事）は政権交代に左右されない国土ヴィジョンの必要を訴え、山間地の高度利用を押し進め、「所得も文化も、生活環境のすべてが、東京都民なみの明るい豊かな生活を楽しめる楽園山梨」[33]を説いた。次いで北陸四県からは、吉田実（富山県知事）が《東海道メガロ

29　「アンケート：ビジョンについてどう考えるか」『地域開発』一九六七年一月、七〇－七一頁

30　前掲書29、六〇－六一頁

31　「昭和三十六年になると、原子力委員会の〝原子力開発利用長期計画〟において関西電力の一号機も四十四年十月までに運転開始となることが盛り込まれ、立地点探しも本格化した。同年十月、関西電力と日本原子力発電は候補地を福井県の美浜町丹生地区と敦賀市浦底地区の二カ所に絞り込んだ。（中略）美浜発電所建設にあたり、当社内の合い言葉は〝万国博に原子の灯を〟であった。実際、昭和四十五年八月八日に行われた美浜発電所は、万国博覧会会場へのものであった。同日午前十一時二十一分、約一万キロワットの〝原子の灯〟が二十七キロボルトの若狭幹線を通って、万国博覧会場に送られ、お祭り広場の電光掲示板にその旨が伝えられたのである」「第二章　高度経済成長と技術革新　第三節　電源開発の推進」『関西電力五十年史』関西電力㈱、二〇〇二年、四一四－四一九頁

ポリス》を「太平洋側にのみ重点をおいた未来の日本国土の姿」[34]とし、太平洋側と日本海側の全域を一体としたヴィジョンの必要性を唱えている。

中国四国地方からは、加藤武徳（岡山県知事）が瀬戸大橋を中心とする交通体系、海運、航空機の大型化など、将来の交通需要の増大に備える大胆なヴィジョンを要請している。一方で金子正則（香川県知事）は「国土開発の最終目的が国民の福祉増大にあることは何人も異議のないところである」[35]とし、「一　物財の生産を通じての国民所得の増大と地域的に均衡のとれた経済開発、二　社会保障制度の充実（生活を主体とする諸施策の整備）、三　人間能力の開発と文化の振興」[36]を掲げるが、これは戦後間もない頃の丹下のヴィジョンと驚くほど酷似した提言となっている。

各府県知事によるコメントは総じて地域格差の是正と所得均衡、開発対象から外された過疎地域の問題解決、つまり富の再配分に集中し、金子を除いて中央政権への陳情合戦の様相を呈している。また、産業界からの指摘は技術革新による経済成長、国際競争力の強化、そして石油価格に依存しないエネルギー政策の樹立に向けられていた。府県知事と産業界からの国土ヴィジョンへのコメントは二一世紀の日本の重要課題ばかりであったが、地方過疎地の所得を一気に上昇させたのが首都圏や近畿圏への電力供給への協力であった。先述の関西電力社長が指摘する「合理的な、産業の地域的分業体制」の実態とは、県民所得も生産性も

32　前掲書29、九一－九二頁
33　前掲書29、六三頁
34　前掲書29、九三－九四頁
35　前掲書29、七二頁
36　前掲書29、七二頁

低い地域への原発誘致を意味し、こうした事態は二一世紀においても反復され、《十和田湖現代美術館》も原発マネーを元手に建設されたことは強く記憶にとどめるべきであろう[37]。

圏域の打破と列島全体の有機化——地域開発センター国際シンポ67

「日本列島の将来像」に関する議論は、一九六七年（昭和四二）四月に開催された地域開発センター主催の国際シンポジウムでも繰り返され、ここにはゴットマン本人も招聘され講演を行っている。また、丹下も《東海道メガロポリス》について再度講演を行っているが[図12]、ここで注目されるのは、新産業都市政策を地方都市への公共事業のバラマキとして批判するのと同時に、丹下の論点が東京、名古屋、大阪を各々中心とする圏域の打破にあることが明確化されたことである。つまり、丹下は全国一律のバラマキは効果が薄いと批判し、その根源にある都心部《コア》・周縁部《サテライト》の二分法を破棄しようとする。そして各生産拠点の機能（役割分担）を明確化し、高度なインフラでネットワーク化することにより国土の再編を目論んでいたと考えられる。

丹下は大来佐武郎との座談会（一九六七年一月）において、首都圏、近畿圏、中部圏といった圏域の概念は「軍の管区」[38]に大きな影響を受けて形成された結果、「勢力圏的な縄張り意識」[39]が無分別な公共投資の分捕り合戦を引き起こ

37 「松隈：調べてみたら、青森県の十和田市現代美術館も電源立地地域対策交付金で建設されていました。そういう目で見直してみると、建築文化の拠って立つ構造には実に危ういものがあるんですね」、インタビュー：松隈洋「建築家として何を話せるのだろう」、竹内昌義『原発と建築家』学芸出版社、二〇一二年、一九－二〇頁

[図12] The International Symposium of Regional Development 1967 にてプレゼンする丹下健三（右）　提供：内田道子アーカイブ

し、日本全体の生産力の向上を妨げてきた、と主張している。丹下の眼には、東海道新幹線や東名高速道路、中央道の開通は既往の勢力圏をブレイクスルーし、日本列島を高度に有機化する好機と映ったに違いない。また、丹下にとって都市部と過疎地の二分法も従来の圏という発想の中での紛争問題にすぎず、横並び的な圏というシステムを換骨奪胎し、メリハリのついた開発が可能になれば、各地方にはコンパクトシティが実現し、自然保護も容易になる、という算段であった。ここに過疎地対策を訴える各府県知事と丹下の発想のすれ違いが見出せる。

ただし、東京電力が首都圏に属さない福島、青森、新潟に原発を増設し続けた事実は、丹下の指摘する圏域の打破の一例と呼べるのか、それとも戦前から続く「東北地方＝首都圏の内的植民地」の延長線にあるのか[40]、検討の余地が多分にある。また、丹下自身が原発推進の立場を主張したわけではなく、当時の日本地域開発センターに集まった各分野の専門家たちの議論を通じて国土ヴィジョンを描く中で、自ずと導かれた結果であったと考えられる。

なお、日本地域開発センターでの議論は、旧建設省で検討されていた新全国総合開発計画（新全総）の立案に強い影響を与え、丹下研究室出身で当時建設省で活躍した下河辺淳もここでの自由闊達な議論を横目で睨みつつ、実際の政策立案を取り仕切っていた[41]。

38　丹下健三・大来佐武郎座談会「国土開発のビジョン」『地域開発』一九六七年一月、一三頁

39　丹下健三「明日の都市の姿」『朝日新聞』一九六五年一月一日

40　「仙台は東北という残念ながら見捨てられていた地方、労働の生産性のきわめて低い農村、それだけにまた、きわめて封建的な農村の真んなかに立っていたのであります。さらにこの地方の工業の生産力の水準もはなはだ停滞的でありまして、東北の電力の開発は進みましたが、その電力はむしろ京浜に送りこまれていたのであります。宮城地区は殆どその恩恵に浴さなかったのでありまして、工業の労働の生産性はここ二、三〇年の間——わが国の工業の労働の生産性は飛躍的に上昇した時期でありますが——停滞していました。農村の労働の生産性と工業の生産性とは深い関係におかれているものであります。このことについては余り立ち入る暇がありませんが、このように農業においても低く、当然に、工業においても停滞して進展しない生産性しかもたなかったこの地

都市の「見える化」

渡米以前の都市を見る方法――「配分・密度・動き」と都市のコア

ここでやや時間が遡るが、戦後間もなく東大建築学科は講座制を採用していたため、高山教授、丹下助教授の研究体制をスタートさせたことは先に触れた通りである。当時の高山は「密度・配置・動き」[42]と言う三つのパラメーターを使った都市の動態解析を唱えている。ここで言う「密度」とは容積地域制の根本問題であり、後に高山の学位論文「都市計画からみた密度に関する研究」の中でまとめられた。また「配置」とは用途地域制の根本であり、「動き」とは「密度」と「配置」に規定されつつ動く上下水道、交通、供給処理と捉えていた[43]。

丹下は高山から三つのテーマのうち「動き」を担当するよう指示され、通勤現象を通じた統計数理分析に取り組むこととした。この通勤現象とは、労働者や学生による郊外住宅地から都心部への日々繰り返される往復運動であり、鉄道、バス、自動車などが主な交通手段となる。そもそも労働者が都心へ通う主たる理由とは雇用問題であり、より大きな収入やより大きなチャンスを求めた結果とも言えよう。本節冒頭に挙げた石川栄耀の生活圏構想が実現すれば、都心部への通勤は抑制され、衛星都市に雇用の場を求めることになる。しかしより高い給与を欲し、より大きな機会を欲する人々の努力により経済が復興し、生産力が向上する

区は、発展する力を自己のなかにはもっていなかったのであります。また社会の近代化を自らの力でなしとげてゆくための基礎をもっていなかったのであります」、丹下健三「今日の住宅の状況」『明日の住宅と都市』一九四九年、八四-八五頁

41 「インタビュー2：下河辺淳」前掲書1、二九-四四頁

42 「都市計画の方法について」(『都市工学』No.1、一九五二)

43 高山英華『私の都市工学』東京大学出版会、一九八七年、四二一-四三頁

のであり、都心部への通勤現象は抑制されるべきでない、と丹下は考えていた。

一方、都心部への通勤現象が経済活動の指標になるものの、都心の中でもその中心地（都市のコア）の過密ぶりは容易に想像できた。そこで丹下は都心の最たる矛盾である都市のコアの過密を《東京都旧庁舎》のデザインによって超克しようとした。具体的に丹下はピロティと建築のコア（耐力壁が巻かれたEV、階段、設備シャフトからなる垂直動線）をもった高層公共建築を提案し、都市のコアをめがけて集まる群衆を建築のコアで各階まで振り分け、地上部分を公開空地とすることで、二四時間ゆとりのある公共空間を地表面レベルに実現している［図13］。

都市のコアにおける学生、労働者の「動き」とジグザグデモ

都市のコアと建築のコアの有機的統合は《東京都旧庁舎》のみならず、《香川県庁舎》（一九五八年竣工）でも重要なテーマとなり、広々としたピロティと中庭が市民のために開放されている。丹下自身は「ピロティが割高である」との批判に対して、「社会的連帯」［44］の意義を強調したが、この設計にあたった丹下研チーフの浅田孝はピロティと中庭に「労働者の赤旗が林立する」［45］状態こそ真の社会的連帯である、と説いていた。つまり、労働争議がたえず行われている時代に、都市のコアで市民がコミュニケーションを取ることは、穏やかな歓談などではなくデモに直結した。労働者や学生らによるデモは、規則的な通勤現象とは

［図13］《東京都旧庁舎》断面図と通勤ラッシュ時の人口動態

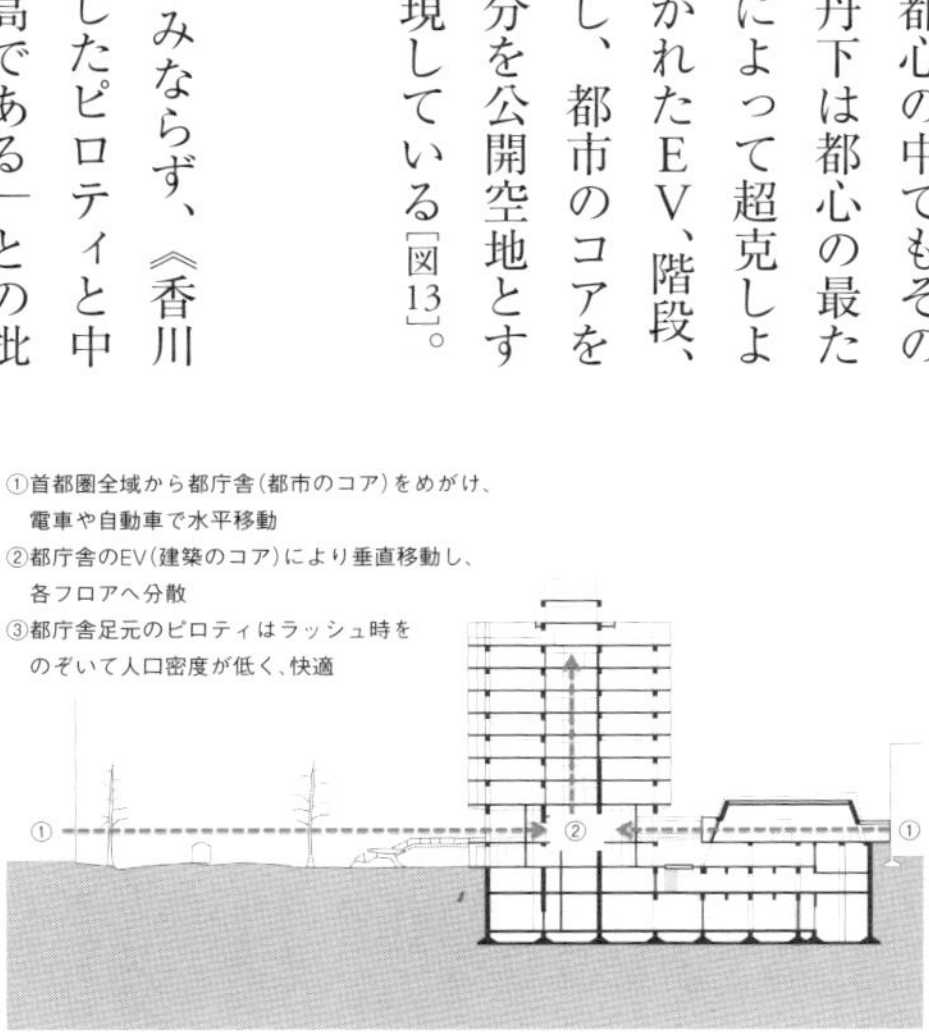
①首都圏全域から都庁舎(都市のコア)をめがけ、電車や自動車で水平移動
②都庁舎のEV(建築のコア)により垂直移動し、各フロアへ分散
③都庁舎足元のピロティはラッシュ時をのぞいて人口密度が低く、快適
①
②
①

44　丹下健三「現代日本において近代建築をいかに理解するか――伝統論のために」『新建築』一九五五年一月、一六頁

45　川添登「浅田孝」『建築家・人と建築』井上書院、一九六八年三月、五〇頁

別種の都市のコアの「動き」そのものであった。また当時盛んにかわされた縄文弥生論争からすれば、デモは民衆の中に眠る縄文的な無限のエネルギーの発露であった、とも言える。

《香川県庁舎》が竣工したのと同時期、吉田茂首相は「これから日本という国は、戦後が終わっていくと、だんだんと学生や労働者のデモが起こってくることは必然だ」[46]と指摘していた。その際、吉田は国会議事堂が必ず攻撃対象になると考え、「国会前の公園をどのくらいの規模にしておいたらよいかを、デモの動員能力とバランスするように考えろ」[47]と建設省に指示していた。すると、建設省は国会前に鉄の柵をつくり、しばらくして東大文学部四年生だった樺美智子[48]がガードレールで圧死する事件が起こった。

下河辺は吉田の本意について、国会デモへの「動員能力が読めないようでは、政治家になれないと。その動員された人たちが暴れ狂っても、外国人が見学できるぐらいの広さの公園をつくれ」[49]と斟酌している。吉田の論点を未来都市のコアであるお祭り広場の設計に引き付ければ、万博への「動員能力が読めないようでは、建築家になれないと。万博会場で全共闘が暴れ狂っても、外国人が見学できるぐらいの広さの《お祭り広場》をつくれ」ということになる。

ちなみに樺が亡くなったデモは一九六〇年安保闘争時のデモであり、ここには磯崎新を筆頭に多くの丹下研究室メンバーが参加し、丹下自身もデモ行進に参加

46　下河辺淳「七　時の内閣と全総計画」『戦後国土計画への証言』日本経済評論社、一九九四年、二二三－二二四頁

47　前掲書46、二二四頁

48　「四年生になると、キャンパスでは六十年安保闘争の活動が始まっていました。六月十五日の学生デモで犠牲になった樺美智子さんは文学部でしたが、私と同期でした。たまたま彼女が亡くなる前日に本郷のキャンパスでしばらくお話しました。大学へ行っても授業がなかったので、友だちに誘われてノンポリの私でもデモに行き、遠巻きに歩いていた、そういう時代でした。建築学科でデモに行くべきか否かを議論していたのですが、大学院には磯崎新さんがいて、大声で参加を呼びかけるアジテーション演説をしていました」、富田玲子「第五章　建築家への道のり」『小さな建築』みすず書房、二〇〇七年、一六七－一六八頁

49　前掲書46、二二四頁

50　「しかし、もうひとつべつの型

している。また、磯崎の記憶によれば、樺の事故からしばらくして、東大建築学科生が工事現場の角材とヘルメットを持ち出し、ジグザグデモ[50]を組織し始めた、と言う。これは都市のコアにおける労働者、学生の「動き」を有機的に組織し、機動隊との衝突を優位に進めようとする手法であった。

『都市のイメージ』と『日本の都市空間』——界隈空間の可視化

一九六〇年安保に先立って、丹下はMITの客員教授として渡米し、ジョイント・センターの活動を目の当たりにすることになった。また、そこで視覚情報、認知心理学の先駆者ジョージ・ケペシュと、それを都市空間分析に応用したケヴィン・リンチと出会い、出版直前であった『都市のイメージ』の概要を知る機会を得た。丹下は帰国後、早速研究室メンバーに指示し、リンチのシークエンスやイメージマップといった都市分析手法を日本の都市空間に応用し始める。それらの成果をまとめ、編集したのが『日本の都市空間』であり、数々のキーワードから日本の歴史的都市に潜むデザインコードを抽出し、現実の設計行為に反映させる試みがなされた。

この中で特に注目されるのが、界隈空間の可視化[51]であった。と言うのも、京都の古い町並み（繁華街の外観）以上に、その店舗群が醸し出す雰囲気や明滅するイメージ、さらにそれらと呼応して徘徊する人々の賑わいや「動き」に迫ろ

のデモ行進があった。こちらは同じ色彩のヘルメットをかぶり、角材を持ち、ジグザグ行進を繰り返しながら機動隊にぶつかる。こちらもその集団の成員以外の人間は入って行けないデモ行進だった。そしてそれは機動隊と衝突することだけを目的とした、それが権力打倒への道と考えるデモだった」、小田実「『べ平連』・回顧録ではない回顧十九『花束デモ』と『ジグザグデモ』」『世界』一九九一年八月、三九七頁

51　「界隈空間／河原町界隈：京都の河原町界隈は物的にはなんら囲われていない。しかし市民は言うに及ばず、観光客はこの地区を明らかに意識することができる。いわば周辺のぼかされたこの地区は、界隈空間の典型的な例のひとつである。もしこの地区に徘徊する群衆の、それぞれの動線の軌跡のすべてをたどることができれば、この界隈空間は視覚的にも明らかに認めることができるように表示できるだろう」、都市デザイン研究体「V　実例の検討」『日本の都市空間』彰国社、一九六八年、九七頁

うとした点で興味深いからだ[図14]。こうした試みは、その後に各大学の研究室を中心に行われたデザインサーベイ（古い町並みの精緻な描き起こし）とは異なり、歴史的都市の内部で行われる「動き」そのものを記述しようとしている。また、界隈空間の可視化を都市史的な視点で捉えれば、日本の都市空間は古代の平城京、平安京において固定的な都城としてつくられたものの、グリッド状の街路網や形式的な土地利用計画は実際の都市活動とは乖離していた、という認識に基づいて、「動き」を記述しようとしている。

つまり、「完成した固定的な空間よりも、そのような形成過程的な空間を考える方が、日本の都市空間の特質やその構成原理を理解するのに、より適切」であり、「このような点を理解することこそ、現在の都市や建築を計画し設計してゆくのに必要」[52]となる。これは都市・建築におけるサーベイとデザイン（理論と実践）をダイナミックに架橋する試みの一つとして評価でき、後のデザインサーベイが実際の建築デザインに寄与できなかったこととは対照的である。同時に界隈空間の可視化は、当時の前衛芸術集団「エンバイラメントの会」[53]の活動や磯崎新の「プロセスプランニング論」[54]との共通点も容易に見て取れる。

52　前掲書51、九七頁
53　一九六六年一一月一一－一六日まで銀座松屋で開催された「空間から環境へ」展に参加した作家（絵画、彫刻、写真、デザイン、建築、音楽のアーティストたち）を中心に発足した会の名称。
54　建築の最終完成形のみを設計の目的に据えず、増改築などの時間的要因を形状に織り込む手法。敷地がたえず拡張する再開発事業の提案の中で考案された。

［図 14］京都界隈空間のノーテーション
店舗、食事、喫茶、飲酒、娯楽、寺院などの密度分布を表示

大阪・千里に投影されるヴィジョン

《東海道メガロポリス》に位置付けられる「未来都市のコア」

一九六四年（昭和三九）、東京オリンピックが無事挙行され、東京に大きな公共投資がなされたが、大阪にも国際的イヴェントを誘致し経済を活性したいという機運が高まった。この結果、大阪に国際万国博覧会を誘致することとなり、一九六五年から準備が始まった。丹下は西山夘三京都大学教授と会場計画基本計画を練り上げたが、その中で「未来都市のコアの背景となる都市の国土の姿」を素描している。たとえば、これまで国土における空間の構成は、国土―地方―府県―市町村という行政区分にも示されるように、国土をゾーンによって再分割していく地域段階区分式のような形が一般的［図15］であったが、「最近の高速交通機関の発達によって、国土の姿はむしろ都市と交通動線との組み合わせとして考えるほうが理解しやすくなってきている」［55］［図16］と説明している。こうした捉え方は、先に触れた《東海道メガロポリス》や「日本列島の将来像」と同型であり、交通・情報・エネルギーの再編によって圏域の概念を打破し、国土を有機的に統合する視点であった。

同様に、国土全域にネットワークされた交通動線に対して、都市は団子の串ざしのようになるのではなく、果実のように房状《クラスター》に取り付くのが無用な通過交通を

55 「日本万国博覧会会場基本計画第二次案」（原案作成者：西山夘三、丹下健三、コアスタッフ：磯崎新、上田篤、川上秀光、川崎清、曽根幸一、山田学ほか）『新建築』一九六六年七月、二一八頁

防止するなどの理由から望ましい、とされた[図17]。そして、都市へのアプローチから都市内交通へと移る間に、交通の行動方式は高速から緩速へ、長距離輸送から戸口サービスへ、幹線的な行動から小回りのきく行動へと変化する。これは現代日本における宅配システムを想起させ、当時から洗練された流通センターが重視されていたことがわかる。さらにこれは交通の接続、変換、中継などに関連する各種の産業（組立工業など）を合わせて、これを一つの流通コンビナートと

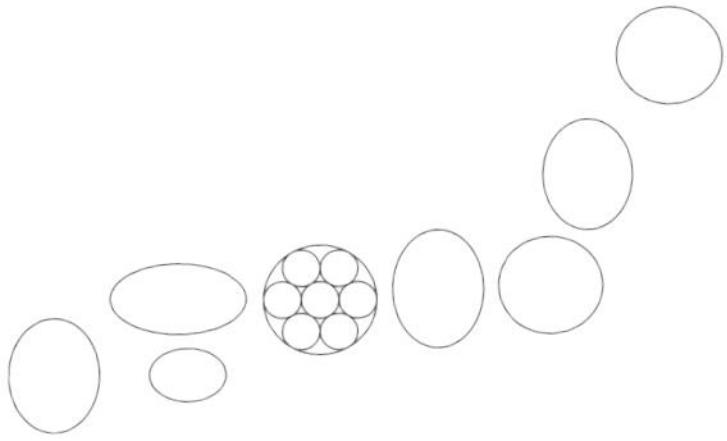

[図 15]圏域の単位（国、地方、府県、市町村）による国土

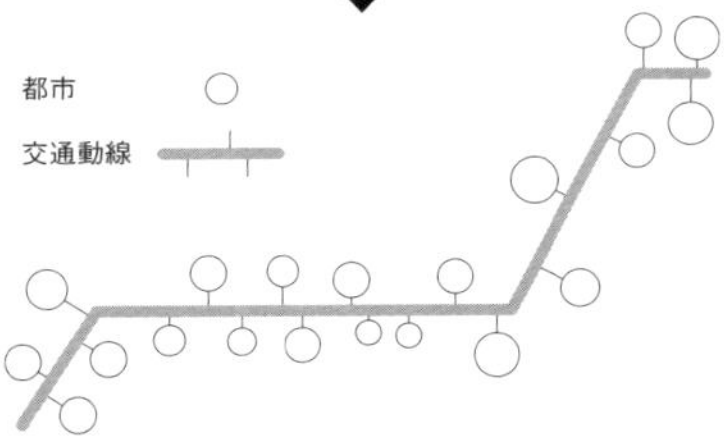

[図 16]高速道路や新幹線によりネットワークされた国土

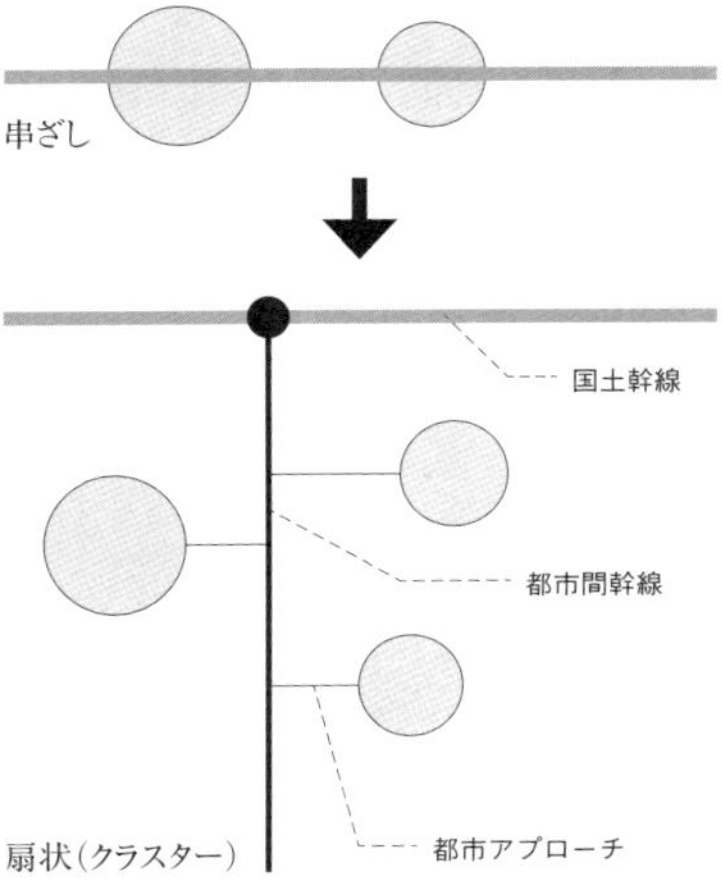

[図 17]都市と交通動線の関係

して進化するが、流通コンビナートと一般市街地を分離しつつ、かつ両者をつなぐ役割をもつものとして都市の核を考える、と言う［図18］。最終的に万博会場計画第二案において、この流通コンビナートはパーキングに、一般市街地は各国展示ゾーン（パヴィリオン）に、そして「未来都市のコア」は一五万人を収容する《お祭り広場》に読み替えられていく［図19］。また《お祭り広場》は膨大な数の入場者を受け止める機能を有するので、数日に一回の頻度で訪れるピークに柔軟に対応する旨が明記されている。

丹下は西山とともに大阪千里の一〇〇万坪の竹やぶを切り開き、新たな交通インフラを取り込む《大阪万博会場計画》を練り上げていった。その際のベースとなったのが丹下自身の国土ヴィジョンである《東海道メガロポリス》であった。そして、丹下は実行委員会の席上で「それだけの交通が、ここ〔筆者註：千里〕で発生する場合に、それを上手にさばこうとするならば、もうそれはすなわち未来都市なんです。ですから何も特別にここに未来都市をつくるんじゃなくて、それだけの交通がさばける空間というのは、もう未来都市の姿を持っている」［56］と断言し、未来都市の交通の制御、「動き」の制御こそ何より肝要であると指摘した。

「未来都市のコア」にトレースされる「日本の都市空間」

「未来都市のコア」として位置付けられた《お祭り広場》は、会場全体を貫く

56　丹下健三委員の発言「第四回会場計画委員会」（一九六六年五月二三日）財団法人日本万国博覧会協会『日本万国博覧会公式記録 D-2 専門委員会会議録二　会場計画委員会会議録』一四五頁

大動脈として、観客の流動を巧みにさばくだけでなく、管理維持の施設を含んで、休憩・食事の便を図ると同時に、博覧会の趣旨およびテーマの精神に則った国際的展示、催し物をなす場となることが要請された。つまり、多彩な催し物群の中にあって観客がふと気分的に休息感をうるような空間でありながら、各パヴィリオンが工夫を凝らして、自己主張を表に打ち出すような形態をもつとすれば、この広場はそのネガティブとなるべき、と考えられていた[57]。

57 日本万国博イヴェント調査委員会『お祭り広場を中心とした外部空間における水、音、光などを利用した総合的演出機構の研究』私家版、一九六七年五月一七日、一三頁

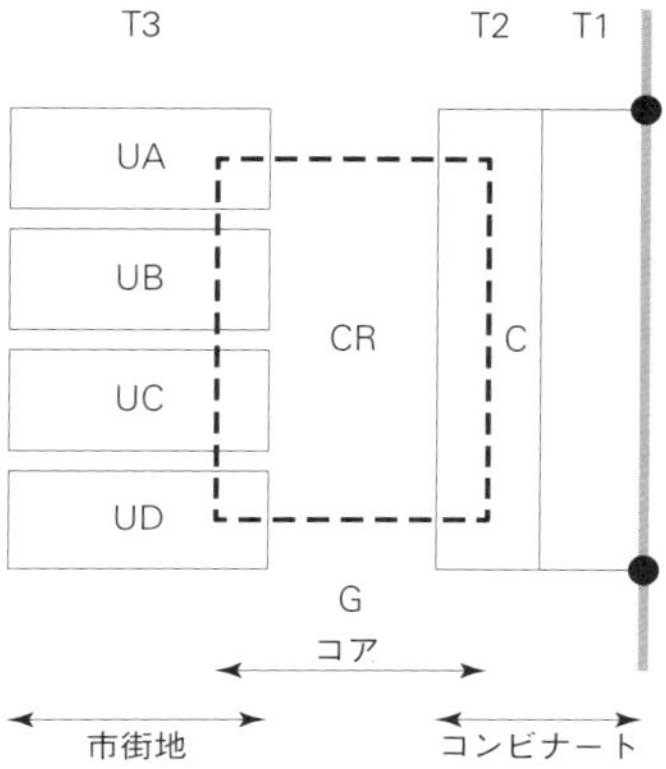

U-U　市街地（居住単位）
U-T　市街地と交通動線
U-C　市街地とコンビナート
U-G　市街地と自然

［図 18］高速道路と都市の接合部イメージ

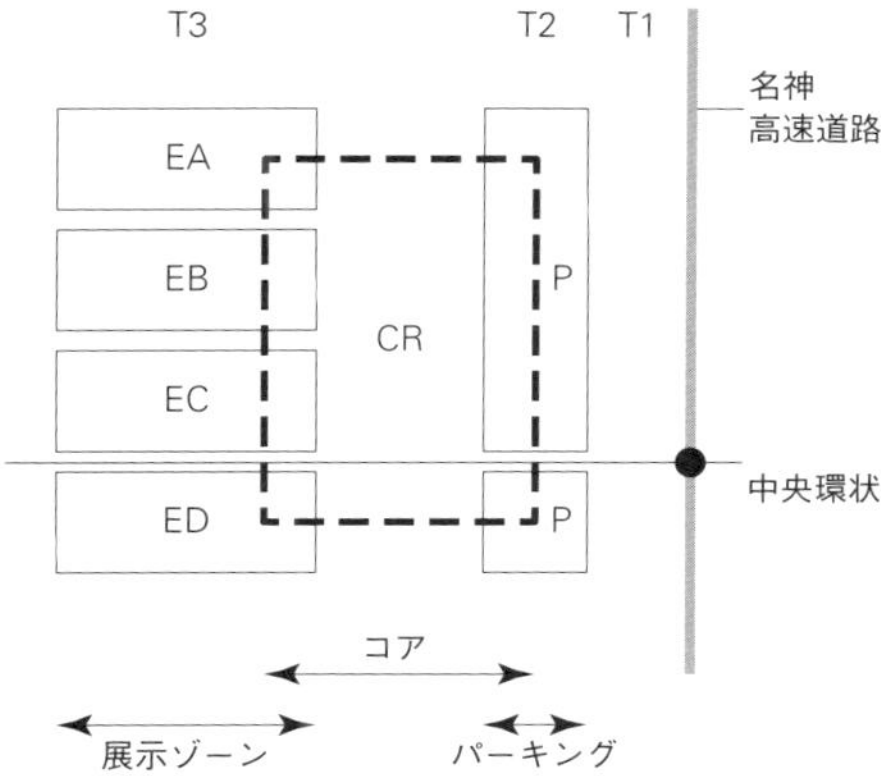

E-E　各国パヴィリオン
E-T　交通動線
E-P　交通機関
E-G　市街地と自然

［図 19］万博会場における未来都市のコア

こうした《お祭り広場》の運用や管理の検討を司ったのが磯崎新であったが、磯崎によれば「万博とはクリスタルパレスをはじめ、その時代の驚きを表現したものがモニュメントとして捉えられ、未来を予見するものでもあった」、とする。このため、従来の象徴的なモニュメント観を打破すべく、大阪万博の《お祭り広場》をインヴィビジブル・モニュメントとして位置付け、以下のように要約した。

① 《お祭り広場》（約六万平方メートル）には最高一〇万人の観客（周囲の観覧席二万人を含む）を予定し、広場内では水や火にまつわる世界の伝統的な催し物のほか「ハプニング」のような現代的なイヴェントなども行う。

② このため、広場の床は平坦で地下はすべて機械装置とし、ショー、お祭りの際にはコンピュータシステムによって操作する。

③ 屋根を設け、すべてアコーディオン式に開閉が自由となっており、高さが約四〇メートルである。

④ 広場内装置の主なものは映写室、ＴＶ、監視室、投光器から芳香ノズルまで備えた「万能ロボット」（高さ三〇メートル）三台が特殊埋込みレール上を移動する。

⑤ 移動可能な「屋台」（一〇メートル×一〇メートル）五台があるが、こ

58 前掲書57、一五一頁

れにはそれぞれスピーカー、照明装置、回り舞台などが設けられている。
⑥人工湖には水上ステージが設けられ、大噴水群がコンピュータによって色彩と明暗が音楽と同調、「生命」をもった水の躍動で入場者を魅了する。
⑦可動舞台、三重回転舞台、回転せり舞台などが設けられ、従来の劇場機構では限定されていた演出部門に新分野を開拓することが予想される。
⑧広場側面にはスクリーンが設けられ、ロボット映写室より映画を映し、人工湖の温水プールでは水中ショーを行うなど、多種多彩な催し物が繰り広げられ「西洋の広場」と「日本の広場」「科学と芸術の融合」といったあらゆるものを表現しようとしている〔58〕。

コンピュータによって会場全体の光、音、舞台が制御され、巨大なロボットが縦横無尽に乱舞する姿は最先端テクノロジーが総動員された未来都市の光景そのものであり、磯崎はこれをサイバネティック・エンヴァイラメント Cybernetic Environment と命名している〔図20〕。

一方で、磯崎はこの《お祭り広場》に日本古来の祭りの賑わいをトレースし、《お祭り広場》の動員人数について検討を重ねている。たとえば、徳島の阿波踊りや京都の祇園祭り、多摩川の花火大会といった大勢の人混みとなるイヴェントにおける人出の分布密度とスケールを調査し、各々の催し物における群衆の挙動を《お

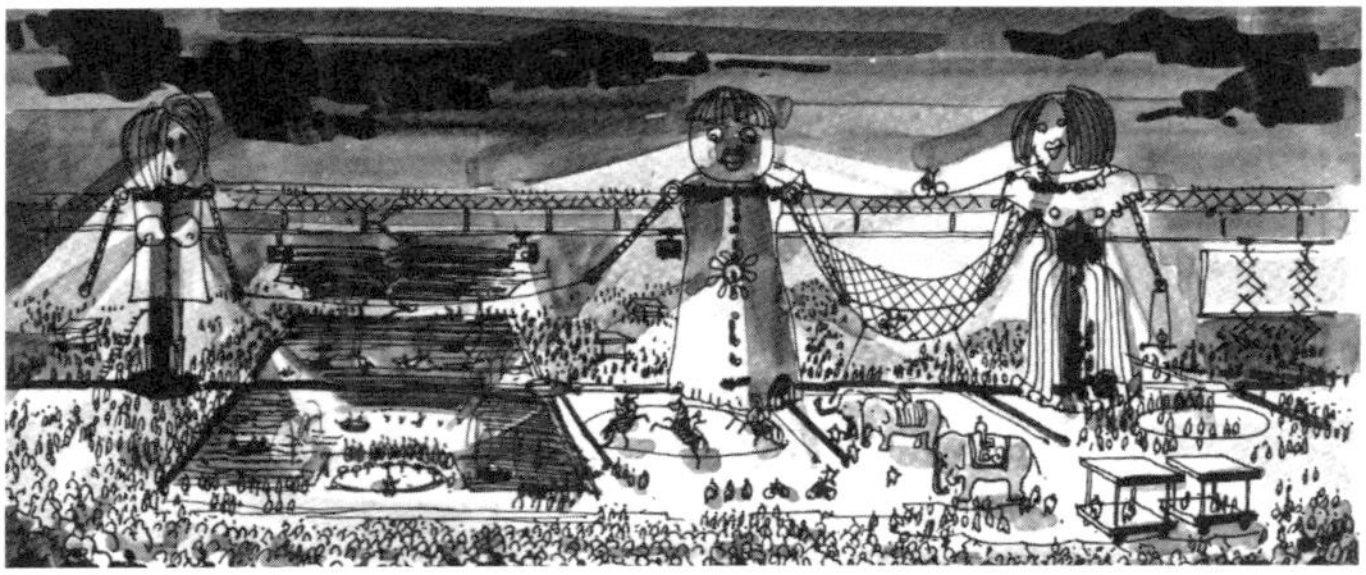

〔図20〕岡本太郎が参加する前の《お祭り広場》パース

祭り広場》にトレースしている。これは先の「都市の〝見える化〟」の節で、日本の古都の界隈空間の分析に触れたが、その成果を《お祭り広場》に投入していることがわかる[図21–23]。

最先端テクノロジーを最大限駆使しつつも伝統的空間の界隈性を投影しようとする試みは、一九五〇年代に丹下がRC技術を駆使しながら伝統的な柱梁空間を模索した試みを一九六〇年代的に継承発展させたものとして高く評価できよう。さらに先に触れた下河辺の言葉を想起すれば、万博への「動員能力が読めないようでは、建築家になれないと。万博会場で全共闘が暴れ狂っても、外国人が見学できるぐらいの広さの《お祭り広場》をつくれ」という課題に対して、磯崎は日本の伝統的な都市空間分析に基づき、最先端テクノロジーを総動員して柔軟に対応した、と言える。

これに対して、当時、いまだ万博への参加が決まっていなかった岡本太郎は辛口のコメント[59]を寄せ、その後に《お祭り広場》のプロデューサーに就任したが、結果として磯崎の巨大ロボットを換骨奪胎したような〝ヤボッちい〟[60]「太陽の塔」を提案するに至った。

スピンオフとしてのミラノ・トリエンナーレ——制御不能な二つの力

磯崎は《お祭り広場》の検討の傍らで、第一四回ミラノ・トリエンナーレ

59 「インヴィジブル・モニュメントという発想には主旨としては賛成だが、これを実行するのは大変難しいと思う。万国博にくる人たちを考えてみても、日本や世界の片田舎からでてくる人の方がむしろ多いのだ。そんな連中をあいてにジョン・ケージなどのハプニングを演じても、パリやニューヨークの片すみとはわけが違う。大変な誤算が生じるだろう。そもそも現代芸術家の外国輸入のモダニズムのセンスで考えると、ことは違ってくる。私は、四～五年前、お祭り広場ということをオリンピックを機会に考えて、朝日新聞で主張したことがあった。それがおくれたけど万国博で計画されているとはうれしいことだ。祭りとは、生命的で、根源的な感動なのだ。人間のなかにどこまでも喰いいっていくような企画こそが必要とされよう。モダニズムの発想ではなく、ヤボッちいものこそ主張されるべきなのだ。それにはハプニングなどがこの場所にふさわしいかどうか充分考えてみねばなるまい。計画をみるとこの広場、バカでかい。もちろんこんな広大な空

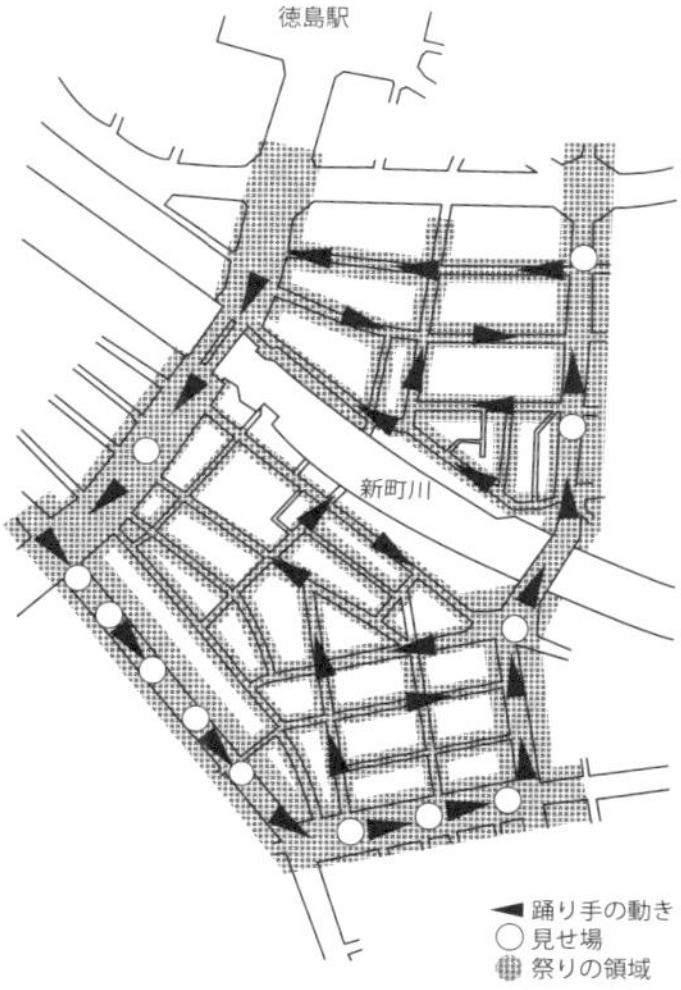

［図 22］阿波踊り領域図

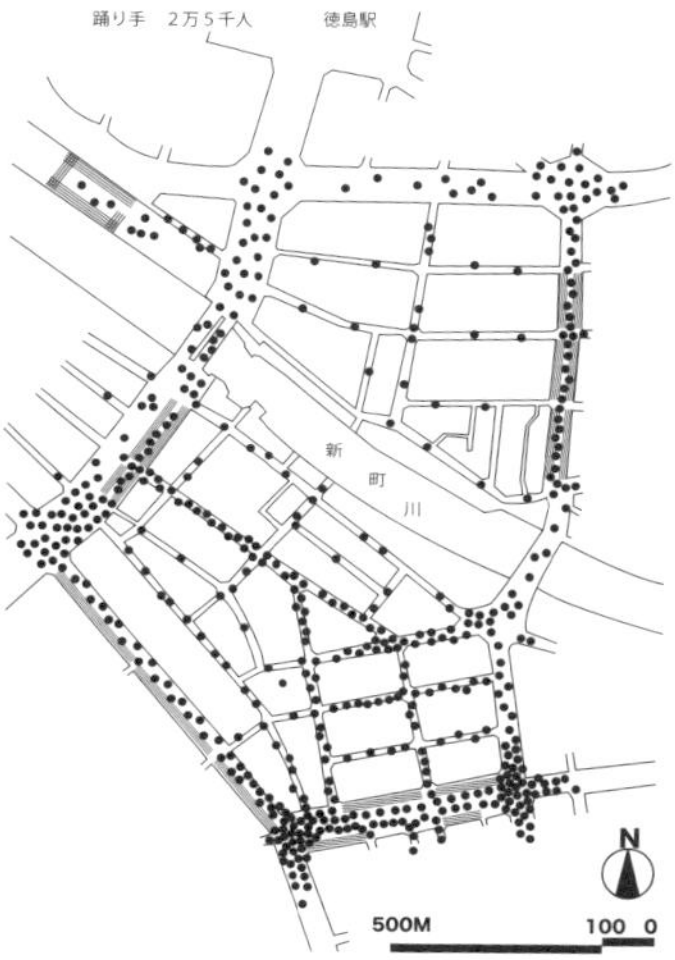

［図 21］阿波踊り踊り手分布図

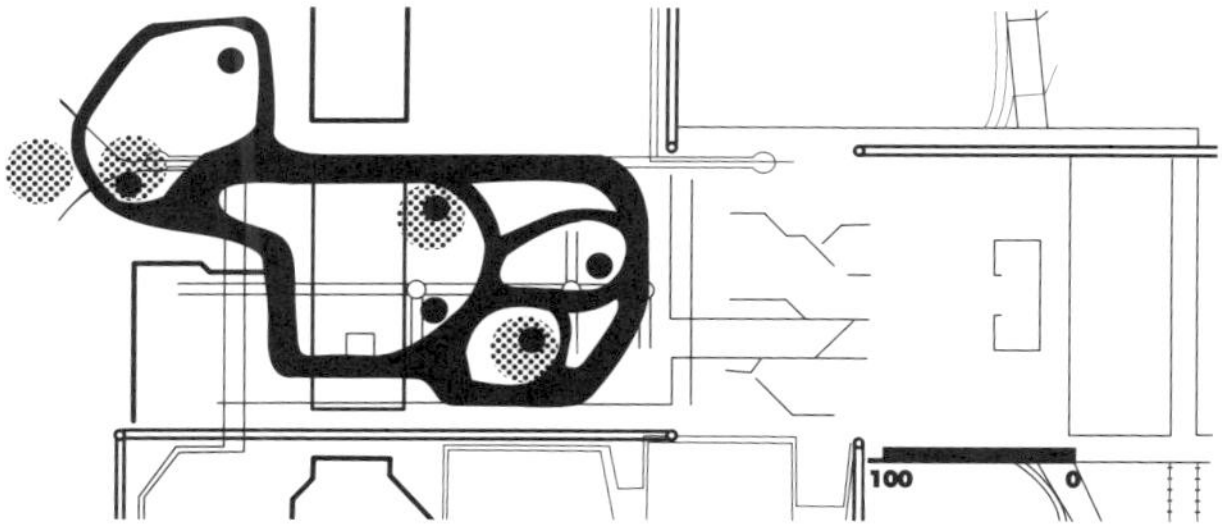

［図 23］《お祭り広場》でのスタディ：阿波踊りを広場にプロットしたときのイメージ・アップ

間を生かすことはできるのだが、同時に、インティメントな小さな広場もいくつかあって、そこで個々の主体性が表出できる場所もほしい。それは迷宮のようなものでもいい。迷路になったら、二〜三時間はでてこれないようなものでもいい。お祭りというとすぐにあれこれと日本のお祭りをさがし歩きはじめるのは、祭りを本質的につかんでいない証拠だ。芸能大会をみに万国博に行くのではないからだ。だいいち〈お祭り〉という語感がすでによくない。〈お祭り広場〉ではなく〈まつりの広場〉とでもいうべきではなかったか」、岡本太郎によるコメント、前掲書57、一八八頁

60　前掲書57、一八八頁

（一九六八年五月三〇日）に招待作家部門の一人に選出された。主催者側からは、メタボリストをはじめとする日本の都市デザイナーらの作品との関係を展示してほしい旨連絡があったが、磯崎は六〇年代以後に東京を舞台に提案された華々しい都市計画案は全く不毛に思え、「白紙還元された都市を設定して、そこから抽出された情念をこそ展示すべき」[61]と考えるに至った。

この結果、磯崎は「再び廃墟となったヒロシマ」と題されたモンタージュ（ヒロシマの焼土の上に、これまた廃墟と化した未来都市の構築物をモンタージュしたもの）を大きく展示し、会場内には複数枚の湾曲したアルミ面に地獄絵や妖怪が描かれ、それらが赤外線カウンターに連動して回転するよう設置した。ここで示された展示アイデアは《お祭り広場》の楽観的で未来都市的なイメージとは対極的なものでありながら、来訪者の動作によって展示環境が適宜変化する点で、サイバネティック・エンヴァイラメントがスピンオフした企画と呼ぶこともできる。

言い換えれば、最先端のテクノロジーを総動員して《お祭り広場》[図24]のような明るい未来を構想することもできる一方、最先端のテクノロジーの使い道を誤れば、未来都市は再び灰と化すことへの警鐘と受け止めることができよう。そもそも、一九四五年（昭和二〇）八月六日、広島への原爆投下により一瞬にして大都市がこの世から消えたが、一九七〇年には美浜原発から《お祭り広場》へ莫

61　磯崎新「占拠されたトリエンナーレ」『空間へ』美術出版社、一九八四年、四四五頁

［図 24］来場者で埋め尽くされた《お祭り広場》の様子　提供：長島正充

大な電力が供給され、未来都市に原子力の明かりが灯った。戦前の日本も原爆開発に着手していたことを想起すれば、ここに原子力の軍事利用から平和利用への転換という戦後日本の重大な政策課題が潜んでいることは言うまでもない。そして磯崎は一九六八年のミラノの展示において、原子力の負の側面を先取りして廃墟となりうる未来都市を赤裸々に提示した。

さらにこのミラノ・トリエンナーレは、一九六八年の学生運動の余波で会場全体が占拠されてしまう。主催者側の思想も各国代表の展示内容も、デモ隊の学生たちと親和性が高かったにもかかわらず、その学生たちによって否定されてしまった。こうしたデモ隊を突き動かす力は、一九五〇年代の日本においては民衆の中に眠る無限の力と称された。また、一九六〇年には安保闘争、一九六八年には学生運動が新聞紙面を賑わせ、制御不能な群衆が都市のコアにおいて予測不能な「動き」を繰り返したが、これらはミラノの騒動ともつながっていた。

総じて、大阪万博では原子力も群衆も制御可能な状態でクライマックスを迎えた。一方のミラノでは、制御不能になった原子力によって未来都市が破壊される風景が描かれたが、その展示会場そのものが制御不能な学生たちのデモによって破壊された。

62　丹下・川添登対談「日本万国博覧会がもたらすもの」『新建築』

大阪万博の総括とその後

丹下は万博が開幕するにあたって、「東京と京都とまったくひとつになったということは日本の文化にとって非常に大きな出来事だった」[62]と回顧している。これは圏域の象徴ともいうべき東京大学と京都大学が互いに知恵を出し合い、議論を重ねながら大きなイヴェントを実現に導いたことへの満足感そのものであり、圏域の打破を目指す丹下にとってこの上なく充実した出来事であったと考えられる。また、興行成績的にも予想入場者数をはるかに上回り、大幅な黒字を出して終了した[63]。一方で、日本では浅間山荘事件を期に学生運動が下火になり、芸術運動からも前衛的な表現が後退していった。これは石油ショックによる景気後退や世相も反映されたものと考えられるが、これとは裏腹に圏域を超えた原子力発電所の増設（たとえば東電による青森、福島への進出）は止まらなかった。

その後、沖縄、つくば、愛知と国際万国博覧会が繰り返され、丹下研究室によって展開されてきた国土や都市の「見える化」というアカデミックなリサーチは鳴りを潜め[64]、代わって「電通的」[65]なマーケットリサーチが幅を利かせるようになった。これは丹下が到来を予測した高度大衆消費社会そのものと言えるが、建築家の職能を著しく狭める事態を招いた。また一九九〇年代のお台場都市博に象徴されるように、鈴木俊一大阪万博事務局長（後の東京都知事）をはじめとする為政者たちは万博を契機としたインフラ整備に味をしめ、戦後日本のcity

一九七〇年五月、一四七頁

63 「沖縄海洋博へ向けての胎動が、大阪万国博の開かれている最中であったという事実は、何か象徴的なものを感じさせる。六千四百余万の観客を動員し、百億にのぼる黒字を計上したことによって、諸々の批判や不満を総じても大阪万国博は大成功であったとする一般世論に対して、博覧会自身についての批判や改善点についての意見を持つ人も少なくなかったであろう」、南條道昌「建築の背景としての沖縄海洋博覧会場計画」『新建築』一九七五年九月、一六七頁

64 二十一世紀の日本研究会（代表丹下健三）『二十一世紀の日本：その国土と国民生活の未来像』新建築社。一九七〇年以後、諸学を統合した国土・都市・建築への提案（アカデミックリサーチ）は日本から消滅することとなった。

65 藤森照信「レクチャー：都市開発手法としての大阪万博」「第六章 戦後・お祭り広場・岡本太郎」『批評と理論』ＩＮＡＸ出版、二〇〇五年、二六九頁

planning は event city planning と称すべき事態に突入した。

《お祭り広場》とミラノ・トリエンナーレは共通の基盤に立った建築表現

丹下健三は戦後間もない頃から国土、都市の「見える化」に取り組んできた。まず国土の「見える化」について、丹下は一九五〇年代には都道府県別の生産力の分布を表記し、一九六〇年代にはゴットマンの影響を受けながら《東海道メガロポリス》を発表し、圏域の打破を目指した。また、木内信蔵とともに国土開発地図を編み出した点も、戦後日本の国土の「見える化」にとって重要な作業であった。

ついで都市の「見える化」について、丹下は都市への人口動態を分析し、通勤現象をベースとした都市のコアにおける群衆の「動き」を分析した。これにより都市のコアと建築のコアを有機的に統合する術を得、《東京都旧庁舎》《香川県庁舎》などの傑作を生み出した。また、アメリカから帰国した丹下はリンチの都市分析手法を持ち帰り、丹下研究室内で『日本の都市空間』を取りまとめたが、その際の界隈空間の分析は日本の伝統的都市空間の「動き」を可視化する試みであった。

一九六五年（昭和四〇）以後、丹下は西山とともに大阪万博の設計に取り組んだが、《東海道メガロポリス》的な観点から国土における大阪万博を位置付け、その中心に「未来都市のコア」として《お祭り広場》を位置付けている。さらに《お祭り広場》への動員数を予測するために、磯崎は『日本の都市空間』での界隈空間分析を応用し、日本古来の祭りの動員規模と群衆の動きを解析して《お祭り広場》にトレースしている。

以上の取組みを日本における原子力の平和利用とデモ行進の二点から捉え直せば、まず前者について、《東海道メガロポリス》の図案は各電力会社が自らの商業圏域を超えて原発を誘致し、東海道エリアに電力供給する図として把握可能である。特に関西電力では「万国博に原子の灯を」を掲げ、美浜原発の竣工を急ぎ、一九七〇年に《お祭り広場》へ送電を実現した。また後者は、通勤現象とともに都市のコアにおける群集の「動き」そのものであったが、通勤現象が周期性をもった規則的な現象であったのに対し、一九六〇年代のデモは特に予測不能で破壊的な側面が強かった。さらに、大阪万博の準備期間中に全共闘が大学を封鎖していたことを踏まえれば、群集の予測不能な動きの制御こそ《お祭り広場》における至上命題であった。

この原子力と群集の制御問題は一九六八年のミラノ・トリエンナーレで先取りされ、磯崎は「再び廃墟となったヒロシマ」において、未来都市が制御不能な原爆によって被災した状況を描いたが、そのトリエンナーレ会場さえ制御不能な学生運動によって封鎖されてしまった。この点において、《お祭り広場》とミラノ・トリエンナーレは対極的なメッセージを発しながら、共通の基盤に立った建築表現であったことがわかる。丹下健三が描いたヴィジョン、そして二〇世紀の国土と都市の「見える化」の軌跡は、群衆と原子力という二つの制御不能な力を消失点に設定することで、より具体的に、より三次元的に把握可能となる。

第二章　都市と祝祭

一　岸田日出刀と丹下健三

一九六四年（昭和三九）、第一八回オリンピック東京大会（以下、第一八回）が開催され、これにより日本の戦後復興は世界に向けて発信され、素晴らしい施設群が完成した。これらのうち、代々木に建つ《国立屋内総合競技場》や北の丸の《日本武道館》は二一世紀の今日においても現存し、二〇二〇年の第三二回夏季オリンピック東京大会でもそれぞれハンドボールと柔道の競技会場として活用される運びとなっている。しかし、第一八回より二四年前、一九四〇年の第一二回オリンピック開催地が東京であり、それが諸般の事情で幻となったことを知る人は少ない。

この論考では、来るべき二〇二〇年に向けて第一二回と第一八回の施設計画から学ぶべきエッセンスを抽出してみたい。そこで前半では第一二回に焦点を合わせ、当時、東大建築学科助教授で建築家の岸田日出刀（一八九九－一九六六）の視点から神宮外苑を舞台としたメーンスタジアム建設問題の顛末を追った。

第一二回（一九四〇）に向けた施設計画

ここであらかじめ読者のために岸田日出刀の経歴に触れると、岸田は東大本郷キャンパスの安田講堂の設計者であり、建築家の前川國男（一九〇五－一九八六）、丹下健三、建築批評家の浜口隆一（一九一六－一九九五）といった戦後日本の建築界を牽引した俊英を育てたことでも知られている［図1］。

さて、第一二回の招致運動や大会返上に至る全般的な経緯については、元NHK記者の橋本一夫による『幻の東京オリンピック』（日本放送出版協会、一九九四）や東京市役所による『第12回オリンピック東京大会』（一九三九）に詳しい。橋本の研究によれば、関東大震災（一九二四）からの復興に目処のつきかけた一九三〇年、東京市長永田秀二郎は帝都復興祭の次に紀元二六〇〇年の記念事業として東京市が何をやるかについて頭を悩ませていた、と言う。この紀元二六〇〇年とは、『日本書紀』に記された日本建国の年（紀元）から数えて二六〇〇年の意味で、一九四〇年（昭和一五）がそれに該当した。これを祝うイヴェントとしてオリンピック招致が永田の周辺にもちあがり、その年の末には新聞紙上でも取り上げられるに至った。

招致運動当初、東京市はメーンスタジアム建設候補地として隅田川河口付近の月島埋立地を挙げていた。東京市は関東大震災後の都市計画の一環として埋立地

［図1］岸田日出刀（左）と丹下健三（中央）　提供：内田道子アーカイブ

を造成しており、そこで万国博覧会とオリンピックの開催を狙っていた［図2］。しかし、月島埋立地は風が強く競技運営に支障の出ることなどが懸念され、一九三六年三月一六日、「第一二回国際オリンピック大会招致委員会」はメーンスタジアムを神宮外苑とし、新たに一二万人収容の競技場を建設するという「招致計画大綱」をまとめた。ただし、この「大綱」はIOCベルリン総会を前に急遽作成したもので、建設地の変更もあり得るという条件が付帯されていた［1］。その後、一九三六年七月、ベルリンでIOC総会が開かれ、東京への招致に成功した。

　このIOC総会に前後して、東大助教授であった岸田（当時三七歳）は文部省からの委嘱により、第一一回ベルリン大会の施設調査のために渡欧している［図3］。この委嘱の経緯については明らかではないが、岸田は当時の東大法学部教授で日本体育協会理事長の末弘厳太郎（一八八八－一九五一）から厚い信頼を得ていた［2］。岸田は帰国前に、ベルリンから以下のようなレポートを新聞に配信している。

　此度の伯林での計画のような大規模なものを真似る必要は毛頭なかろうが、皇紀二六〇〇年を記念し、更に絶好の機会に東京開催と決定した第一二回オリンピックの中心競技場の敷地として現在の明治神宮外苑競技場の位置が最

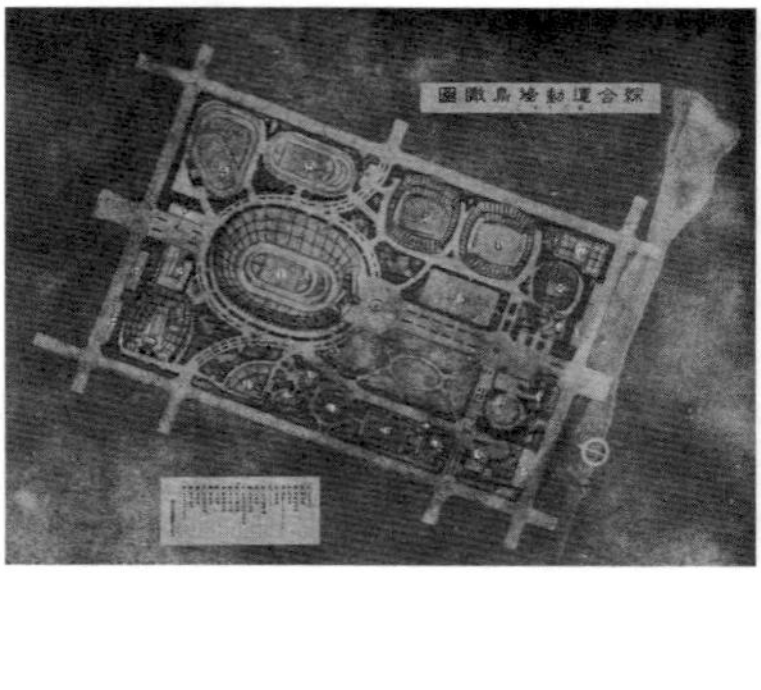

［図2］オリンピック総合競技場試案（東京市都市計画課）

1　橋本一夫『幻の東京オリンピック』日本放送出版協会、一九九四年、一四九－一五〇頁

2　田畑政治「岸田さんとオリンピック」『岸田日出刀』相模書房、一九七二年、一六四頁

善唯一のものとは到底考えられない。私としては敢えて言わしめるならば、東京近く山手線の外側に適当な位置を定め壮大なる中心競技場を建設するのが理想である[3]。

岸田はドイツでベルリン大会の壮大な会場規模を目の当たりにし、招致委員会が唱える神宮外苑に一二万人のスタジアムはとうてい建設できない、と直観したのである。しかし、岸田の報告記事は日本国内で波紋を広げ、帰国した岸田を待っていたのは「平地に波乱を起こす不徳漢」、岸田が「爆弾を抱いて帰って来た」といった、ジャーナリズムの罵詈雑言であった。

このため、岸田はあらためて『帝大新聞』に「依然外苑案は不可」という論考を寄せ、紀元二六〇〇年に開催されるオリンピックゆえに神宮外苑での開催にこだわる人々に共感しつつも、①敷地面積の狭隘、②神宮外苑の風致を害すること、③既存スタンド（四万人収容できる旧神宮外苑競技場）の取扱い、という三点からメーンスタジアム会場の再考を促している。特に岸田は一〇万人規模のメーンスタジアムが高さ三〇メートル近くに及ぶと推察し、②神宮外苑の風致への影響について以下のように言及している。

競技場〔筆者註：新規メーンスタジアム〕は絵画館とかなり接近している。而も

3 岸田日出刀「中心の競技場は外苑以外に敷地を」『帝大新聞』一九三六年九月七日付

〔図3〕第一一回オリンピック伯林大会会場

地上数十尺の高さで前述したような膨大のスタンドが立ちはだかった場合を想像してみる。如何に建築的の意匠をよくなし得たにしても、スケールの不調和という点であの辺り一帯の今の美しい風致が跡形もなく損し去られるであろう。これらの点を考慮し、絵画館側のスタンドは木造か何かの臨時のものとし、オリンピック後は取り壊すという案を一応考えては見たが、それは僅か一六日間のために膨大の経費を捨てるようなもので、決して賢明ではない[4]。

当時、岸田の胸の内にあった外苑以外の第一候補地は代々木の陸軍練兵場（約三〇万坪）であった。しかし「軍部万能の時世で、たかがスポーツぐらいのために、皇軍のためのこのりっぱな練兵場をつぶすとはなんたるたわけぞとばかりに抹殺されてしまった」[5]。ただ、外苑案も当該地区の管理者である内務省神社局の同意が得られず、オリンピック開催まで二年と迫った土壇場で駒沢が有力候補となった。

当時、駒沢が辺鄙で、メーンスタジアムには不適格とする意見があったが、岸田は駒沢が都心からわずか一〇キロメートルの距離にあり、「官公民一致協同してよく事に当たれば交通機関の整備道路の改造新設は漸次その緒に就き、ために大東京市の都市計画整備上貢献するところも極めて大きなものがあろう」[6]と

4　岸田日出刀「依然外苑案は不可」『帝大新聞』一九三七年四月一九日付

5　「オリンピック東京大会とその施設」『新建築』一九六四年一〇年、一一七頁

6　岸田日出刀「駒沢案を支持す」『帝大新聞』一九三八年四月一八日付

して、駒沢案への支持を鮮明に打ち出した。

それからわずか五日後の四月二三日、第二五回組織委員会総会で外苑競技場改造案を放棄し、水泳競技場、オリンピック選手村と合わせて、駒沢にメーンスタジアムを建設することを正式決定した[図4]。これを機に、東京市は駒沢に一大スポーツセンター「紀元二六〇〇年記念総合競技場」を計画し、駒沢ゴルフ場跡の一三万坪（四三万平方メートル）の敷地中央に七五〇〇坪の紀元二六〇〇年記念広場を造成、この広場をはさんでメーンスタジアムと水泳競技場を建設しようとした。ちなみに、メーンスタジアムは常設スタンド六万二〇〇〇人、仮設スタンド四万八〇〇〇人、合計一一万人を収容する世界最大級の競技場[図5・6]が予定された[7]。

第一二回の会場と規模が決定したものの、当時の日本は盧溝橋事件（一九三七年七月七日）以来の日中戦争が泥沼化し、資材統制が敷かれ、メーンスタジアム用の鉄骨材の入手が困難な状況に陥っていた。こうした時局の変化に翻弄され、駒沢に決まって三ヶ月後の一九三八年七月一四日、オリンピック東京大会は返上されることになった。

7　前掲書1、二〇五－二〇六頁

[図 4]駒沢ゴルフ場に設計された総合競技場

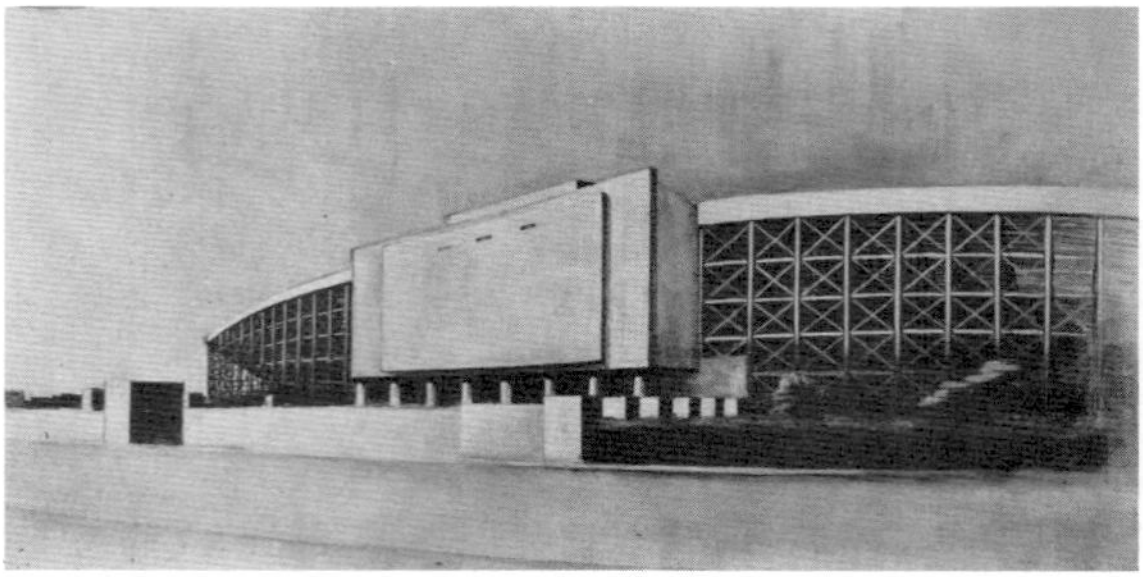
[図 5]主競技場正面透視図

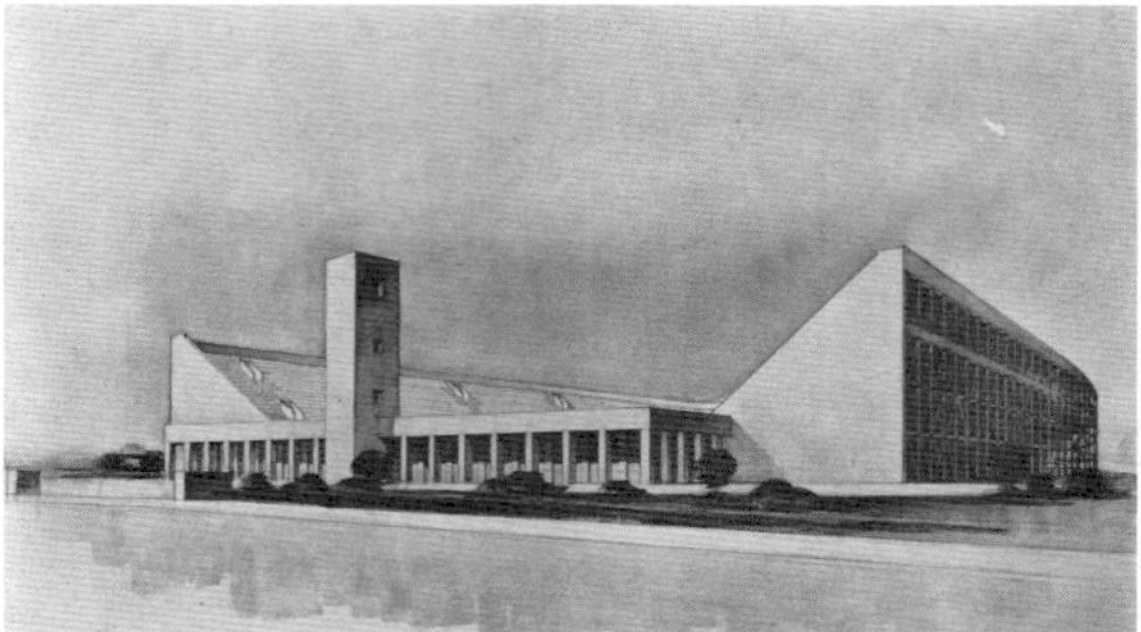
[図 6]水泳場透視図

第一八回（一九六四）に向けた施設計画

メーンスタジアム――《国立競技場》（設計：片山光生＋建設省関東地建）

一九四五年（昭和二〇）、日本は第二次世界大戦の降伏を受け入れ、敗戦した。それからわずか一〇年後の一九五五年、建設省内部では再びオリンピック誘致に向けて動き始めている。具体的には日本体育協会がアジア競技大会を東京に招致し、建設省関東地方建設局では角田栄課長の指示のもと、明治神宮の体育関連施設を建て替える案を練った。この結果できたのが、現在取壊された神宮外苑の《国立競技場》（一九五八年竣工、収容人数五万二〇〇〇人）であり、設計を担当したのが当時建設省近畿地建に在籍し、角田の京大時代の後輩にあたる片山光生であった。この《国立競技場》の設計に岸田が関与していたか、また岸田が竣工当時の《国立競技場》をどう思ったか定かでないが、おそらく「神宮外苑の広さに対して五万人規模が穏当」と感じていたと思われる。

その後、一九五九年六月二六日、ミュンヘンで開催された第五五次ＩＯＣ総会において、総数五八票中三四票を獲得し東京がアジアで初めて開催地に選ばれた。このとき、岸田は日本体育協会の特別施設委員会長の重責を担ったが、この背景には第一八回の事務総長を務めた田畑政治（一八九八－一九八四）の存在が大きい。田畑は新聞記者で水泳日本代表のコーチであったが、先に触れた日本体育協会理事長末弘のもとで活躍し、第一二回の頃から末弘とともに岸田に対して大きな期待を寄せていた。

岸田は「どういう競技場や施設を、どこそこへいつまでに建設すべきかという根本計画を立案し、それを組織委員会の会議にかけ、承認を得、担当の建築家をだれにするかということを決定」する任を負っていた。こうした岸田の強い権限に対して、面白く思わない建築関係者が複数現れ、岸田は「この人選に対してその不明朗性を指摘して非難する向きもあるやに聞くが、これらの人選に対して、施設特別委員会の委員長であるわたくしがその全責任を負う」[8]と断言している。

さらに、国立競技場が第一八回のメーンスタジアムに決まった段階で検討された増築案でも、収容人数一〇万人が目標となったが[9]、結果として七万五〇〇〇人にとどまった[図7]。この《国立競技場》の規模設定について、岸田は「なんとか一〇万人収容の線に近づけようと一方のスタンドを大きく張り出して拡張させたが、その最上部は外苑内の道路の上に大きくおおいかぶさるようなことになってしまった。それほどにこの敷地は狭いのである」[10]と回顧している。

8　岸田日出刀「オリンピック東京大会とその施設」『新建築』一九六四年一〇月、一一六頁

9　「オリンピック東京大会施設めぐり（1）東洋一を誇る国立競技場の巻」『東京オリンピック時報』一九六〇年一月、二〇頁

10　岸田日出刀「オリンピック東京大会とその施設」『新建築』一九六四年一〇月、一一七頁

［図 7］国立競技場俯瞰写真

水泳+バスケット競技場

——《国立屋内総合競技場》(設計:丹下健三+URTEC)

第一八回の競技施設全体の敷地選びに際し、最大の懸案事項は米軍に占領されていた代々木の陸軍練兵場(ワシントンハイツ)の返還であった。と言うのも、第一二回の頃から日本にとって水泳は陸上競技につぐメーンイヴェントとして位置付けられ、三万人以上の水泳競技場をメーンスタジアムと隣接して建設することが期待されていたが、実際には敷地不足であった。第一八回でも四万人収容できる水泳競技場が期待され、第一二回の敷地選定のときと同様に代々木(ワシントンハイツ)や駒沢公園が水泳競技場候補にあがった。おそらく岸田はメーンスタジアムである神宮外苑に近い代々木こそ水泳競技会場に相応しいと判断し、米軍にワシントンハイツの一部返還を申し入れ、水泳、バスケット競技場並びに選手村が建設される運びとなった。

さて、代々木の競技場設計を丹下健三(竣工時五一歳)に任せたのは岸田であった。岸田は戦前から丹下の設計能力を高く評価し、岸田に舞い込んだ設計依頼のうち、多くの案件を丹下に担当させていた。たとえば、岸田と丹下の連名で設計した《倉吉市庁舎》(一九五六)は日本建築学会作品賞(一九五八)を受賞しているが、岸田はこの作品を「倉吉という山陰の一地方都市の特殊な環境に、よく調和することができた」[11]と評している。またオリンピック以前から、丹下は

11　岸田日出刀「倉吉市庁舎について」『建築雑誌』一九五八年七月、一五頁

アメリカ、フランスの建築賞を受賞するなど世界的な名声を得ており、オリンピック後にはその名声を不動のものとした[図8・9]。

《国立屋内総合競技場》は当時の『週刊朝日』誌面で「空から見ると、まるで貝ガラのような奇妙な形をしている」[12]と評され[図10]、建設現場のゼネコン担当者も「利益を考えていない。会社としては商売よりPRということでやっている」と漏らしている。

[図8・9]《国立屋内総合競技場》　提供：内田道子アーカイブ

[図10]《国立屋内総合競技場》と選手村

12　「丹下健三：建築界に旋風を巻き起こす教祖的パイオニア」『週刊朝日』一九六四年一月三一日、二四頁

バレーボール＋レスリング競技場ほか――駒沢公園（施設設計：芦原義信ほか）

先に触れた通り、駒沢はゴルフ場跡地に第一二回関連施設が建設される予定であったが、時局の変化で取止めとなった。戦後には国体会場として整備され、アジア競技大会ではバレーボール会場として活用され、第一八回には体育館（レスリング場）、屋内球技場（バレーボール会場）、陸上競技場（サッカー会場）、第一・第二球技場・補助競技場（ホッケー会場）が整備された。その際、岸田が駒沢全体の基本構想取りまとめを指示したのが丹下の同僚であった東大都市工学科教授高山英華であった。岸田の命を受けた高山は、中央に広場を設け左右に体育館と競技場を配置した［図11］。また、造園計画が首尾よくできたのは、東京都オリンピック施設建設事務所の力が大きい。

このうち、岸田が体育館の設計を任せたのが当時法政大学教授芦原義信（一九一八―二〇〇三、竣工時四六歳）で、芦原はロックフェラー財団から研究費を得てアメリカで『外部空間の構成』（彰国社、一九六二）をまとめた若き俊英として知られていた。

この体育館は、一本も支柱を用いずに四枚の撓んだ屋根面により覆われている。この施設は日本の古建築の屋根の反りや夢殿のようだと評されたが、芦原曰く「ひたすら機能を追求し、最新の建築技術を駆使したつもりであったが、その結果が日本的に見えるということは、実に面白い」［13］と述べている。

［図11］駒沢公園

13 『週刊朝日』一九六四年五月一五日

柔道競技場――《日本武道館》(設計：山田守)

《日本武道館》は第一八回の柔道競技場として計画され、東海大学建築学科教授の山田守(一八九四―一九六六、竣工当時七〇歳)が設計を担当した。当時、山田は建築界の大御所として位置付けられていたが、そもそもは戦前からモダンデザインの先駆者として広く知られる。特に山田による《東京逓信病院》の意匠は、瀟灑で洗練されていると岸田も高く評価していた。

設計コンペに勝利した山田は方位を重んじ、〝君主は南面す〟の故事に因んで、正面席は北側から南面し、選手は東西より登場して試合をするよう決めた。さらに一万五〇〇〇人の観客席が要求されたため、四角ではなく正八角形(内径八〇メートル)の平面を採用している。また、屋根は内径一〇〇メートルの鉄骨銅板葺とし、富士山を彷彿とされる美しい曲線となるよう苦心したと言う[図12・13]。

岸田は武道館について、「京都や奈良の古都の緑の上に高くそびえる甍の荘重な景観を九段坂の上に表そうという意図からであろうか、力強くできあがりつつある」[14]と評している。

総じて一九三〇年から神宮外苑に一〇万人規模のスタジアムを建設することはオリンピック関係者の悲願であり、二〇二〇年に至るまでその歴史は挫折の連続であったことがわかる。また第一八回の施設整備は岸田日出刀の総指揮のもと、予算オーバーや工期の問題など幾多の困難を乗り越えて無事完了し、二一世紀の

14　岸田日出刀「オリンピック東京大会とその施設」『新建築』一九六四年一〇月、一一七頁

[図12]《日本武道館》

［図 13］《日本武道館》工事現場遠景

今日に至るまで多くの施設が活用されている。この背景には第一二回における相応の議論と準備、そして岸田の目利きとしての見識の高さが挙げられる。特に、一九三八年当時、岸田が弱冠三九歳で新聞紙面に外苑案不支持を明確に打ち出したのは驚嘆に値する。当時の岸田とほぼ同年の筆者が、第三二回の施設計画に対してこれだけの自説を展開できるのかを鑑みるに、気後れするばかりである。

これから第三二回に向けて展開される神宮外苑メーンスタジアム建設の議論は混迷を極めることが予想されるが、岸田の言葉を借りれば「一切の行がかりと面子にこだはることを止めて」、第一二回、第一八回において何が議論され、何が不可能であったか、今一度吟味する必要がある。その際、ぶれることなく大所高所から総合的に判断し、施設計画の全責任を負うと断言した建築家岸田日出刀の後ろ姿こそ、第三二回を成功に導く道しるべとなるだろう。

二　佐野利器と丹下健三

日本は一九四五年（昭和二〇）の敗戦から奇跡的な発展を遂げ、一九五八年のアジア大会、一九六四年の東京オリンピックの招致に成功し、世界に向けて日本の戦後復興を知らしめた。これらの国際スポーツイヴェント開催に伴い、《国立陸上競技場》と《国立屋内総合競技場》というモニュメンタルな施設が建設されたのはよく知られている。二一世紀に入って、前者は国際コンペを経て流線型スタジアムに生まれ変わり、後者は大規模な改修工事を経て日本近代の金字塔として後世に引き継がれようとしている。

特に前者については様々な方面から異議申立てがなされ、多くの識者は大正期に造営された明治神宮外苑一帯の景観保持を唱えている。そして後者が建設された代々木も、明治神宮の隣接地であることを鑑みれば、両競技場の建設プロセスを振り返ることは神宮外苑一帯を一〇〇年単位で評価することに等しい。

またつくり手に目を転ずれば、明治神宮外苑の造営には建築、土木、造園の技術者が数多く関与し、特に建築の設計・監理を担当したのが日本コンクリート工学の祖佐野利器（一八八〇－一九五六）であった。同様に《国立屋内総合競技場》

にも多くの技術者が関与したが、それを取りまとめたのは丹下健三であった。

ここでは佐野と丹下という二人の建築家に注目し、前者が今から一世紀前にどのような姿勢で建築とコンクリート工学を捉え、神宮外苑の設計監修に取り組んだかについて振り返る。続いて、後者が半世紀前に考えていた建築設計のあるべき姿に触れ、《国立屋内総合競技場》の設計にいかに反映させたのかについて触れてみたい。特に両者は異なる時代の「国家当然の要求」に応答し、ともに「建築科学」というキーワードを重視してきた点にも留意したい。

佐野利器と神宮外苑

明治末期の「建築科学の発達」(一九一一)

一八九七年(明治三〇)、建築家・建築史家の伊東忠太は、それまでの「造家」という言葉に代わり「建築」という言葉を用いることを提案し、伊東の様式進化論が大きな影響力をもつことになった。ちょうどその頃、東京帝大建築学科に在籍した佐野利器は建築学に科学のないことを痛感していたが、大学を卒業して三年後にサンフランシスコ大地震(一九〇六年)が発生する。佐野はその被害状況を視察した際に鉄筋コンクリート構造に出会い、日本への導入に尽力することとなった。

日本におけるコンクリート工学の黎明期を担った佐野にとって、周囲の建築家がルネサンスやゴシックといった西洋建築様式に執着するのははなはだ理解できないものであった。佐野にとって「建築美の本義は重量と支持との明確なる力学的表現に過ぎない」のであり、「重量と支持との力学的関係を最も正直に簡明に[15]表現する国民的様式の創出を望んだ。このとき、佐野が参照したのが世紀末のウィーンで流行したゼセッション（分離派）のデザインで、過去の様式に拘泥しないシンプルな表現に期待を寄せていた。

佐野の建築様式や建築家に対する見解は年を追うごとに先鋭化し、日本の建築家の職務とは科学の進歩に応じて「如何にして最も強固に最も便益ある建築物を最も廉価に作り得べきか」であり、「如何にして国家を装飾すべきかは現在の問題ではない」[16]と断言する。結果として日本の建築家にとっての最重要課題は「国家当然の要求たる建築科学の発達であって、建築家が社会的地位を得べき唯一の進路も亦是である」（傍点筆者）とした。佐野は経済原理と技術の発展に即応し、丈夫で、安く、使いやすい建物の量産に国家の要求を見て取り、これらの要求をすべて満たすのが耐震・耐火に優れた鉄筋コンクリート造であった。

当時の佐野の国際情勢観に従えば、日本の富力は西欧列強の脚下にも及ばず、「列強の平和は武装で維持せられ、列強の軍備は絶えず拡張されつつ」あった。このため、佐野は日本国民が「気力の養成と同時に殖産、興業、商業、節約、有

15　佐野利器「我國將來の建築様式を如何にすべきや」『建築雑誌』一九一〇年六月、二〇－二三頁

16　佐野利器「建築家の覚悟」『建築雑誌』一九一一年七月、三－六頁

りと有らゆる手段を尽くして富力の増進に努力すべき」であると主張する。佐野の認識は明治維新以後の日本が採用した富国強兵政策と合致し、建築関係者に期待される国策への貢献とは「建築科学の発達」による寄与であり、その後、鉄筋コンクリート構造の普及・促進活動、日本国内および植民地における様々な建築関連法案の整備として実現する。

ここで佐野による「建築科学の発達」を時間論的に捉えれば、経済発展を保障し、災害や戦争に負けない強靭な未来都市像を先取りすることであった。いいかえれば、衛生面でリスクを抱え燃えやすい木造都市から、列強に劣らぬ耐震・耐火都市へ向けて跳躍したい、というマニフェストであったと考えられる。これは弱点を正確に把握し技術的に改善することで理想的未来に向けて着実に前進できる、という直線的時間論（機械論的世界像）の典型であり、建築・土木に限らず、近代の技術者に共通するエートス（特性）であった。

大正期の外苑監理その1——絵画館の「排他的」様式論

明治天皇が崩御して二年後の一九一四年（大正三）七月、内務省内に奉祀調査会が設けられ、明治神宮の造営が企画された。その頃の佐野はドイツから帰国して間もない三〇代半ばの建築構造学者で、東京帝大助教授を務めていたが、明治神宮造営局の嘱託として内苑と外苑の設計に携わることとなった。

佐野は明治神宮外苑に建設される《聖徳記念絵画館》［図14］コンペ（一般公募一五六点）の審査員を務め、審査評の中で小林正紹による一等案を「実に威風堂々たるもので、しかも雄渾偉大の間に落付いた温情を有し、明治大帝を偲ぶに極めて相応しい記念的なもの」[17]と激賞した。《聖徳記念絵画館》は「国家当然の要求」に基づく「国家の記念物」だが、佐野はこれをルネサンスなどの西洋建築様式の直写でなく、「吾々日本国民の純然たる創意でありたい」と切望し、「吾々は吾が国民の誇りなくして国家の大事をなし得ない」とする。

佐野のこうした見解に対して、識者から「形の優れたものさえ出来れば、排他的の考は全く不必要なことではないか」、また「東西普遍な優秀な形を目指すべきではないか」といった見解が寄せられた。しかし佐野は《聖徳記念絵画館》を国旗と同列に据え、「吾々建築家は形といふ事を前に民族的我を自覚せねばならぬ」と断言し、自らの主張が「排他的」であることを十分に自覚している。

この様式論を先に触れた直線的時間論に引き付けて考察すると、佐野が強調する「吾が国民の誇り」と「民族的我」とは直線的時間の原点に該当する。木造による脆弱な現在の都市と、鉄筋コンクリートによる安心安全が保障された未来都市、この二つの点を結ぶことでおぼろげで果敢《はか》ない共同体の原点（近代国家の始源）が自ずと定位されるのである。そして佐野はこの原点が「排他的」にならざるをえないことを自覚していたことも重要である。明るい未来社会を希求すれば

［図14］《聖徳記念絵画館》撮影：筆者

17　佐野利器「聖徳記念絵画館及葬場殿址紀念建造物意匠懸賞競技審査員評」『建築雑誌』一九一七年一二月、一八－一九頁

するほど穢れなき原点（実証不能な始源・建国神話）も同時に強調せざるをえないのは、あらゆる近代国家に共通する矛盾であったが、佐野が建築家としてこの矛盾を共有し、神宮外苑に近代日本の原点と未来を両立させようと格闘していたのである。

佐野による統括のもと、《聖徳記念絵画館》の実施設計は小林案の原図を基に修正され、一九一九年（大正八）に着工した。しかし関東大震災によって工期が延長され、一九二六年に竣工した。延べ床面積は一四四〇坪、東西長さ一一二メートル、南北長さ三四メートル、主体構造は鉄筋コンクリート造だった。また、外壁には岡山産万成石が用いられ、中央ドームは当時の日本ではまだ珍しいシェル構造の鉄筋コンクリート造が採用された[18]。

実際に出来上がった《聖徳記念絵画館》はかつて佐野が参照したゼセッションとは似て非なる「質実剛健」[19]なもので、「ヨーロッパなら田舎都市にしかないような、幾分鈍重なシンメトリーの建築」であったが、「正面軸線の両側を飾る銀杏並木と一体となって東京都心の記憶に残る景観」[20]をつくりだしている。

大正期の外苑監理その2——市民に開放された競技場

佐野は《聖徳記念絵画館》と並行して《外苑競技場》の設計監理も行った。この競技場は《聖徳記念絵画館》、神宮球場と並んで外苑内の主要建築物の一つで

18　藤岡洋保「明治神宮の建築（下）」『明治聖徳記念学会紀要』三三号、二〇〇二年、四一頁
19　小林政一「佐野先生と明治神宮造営」『建築雑誌』一九五七年二月、一六頁
20　大野秀敏「パネルディスカッション：いい街づくりには何が必要か」槇文彦、大野秀敏編著『新国立競技場、何が問題か』平凡社、二〇一四年、一一三頁

あり、「明治天皇陛下が尚武の風を御推励あらせられたる御趣旨」[21]に因み、広く一般市民の体育競技に供する施設として建設された。外苑西北隅の位置に約一万坪の敷地を充て、中央にランニングトラックおよびフィールドからなる運動場を設け、東南北の三面に芝生傾斜地の観覧席を、西側に鉄筋コンクリート建ての大スタンドを配置した。この大スタンドは南北約二三〇メートル、東西約一八メートルの鉄筋コンクリート造、外部腰部石張、上部モルタル塗り（一部タイル張り）とした。また観覧席建物は軒高一一メートルで、南北両端に高さ一八メートルの塔を設けて内部を階段室とし、塔の上部に大時計を設備している。

競技場全体の設計に関して、佐野は広く諸外国における実例と体育専門家の意見を参照している。また意匠上のポイントとして「質実剛健且つ外苑の雄偉廣闊なる風致と調和を保たしむること」を重視し、特別室などに多少の装飾を施した以外はもっぱら実用を旨として装飾を省略した。

敷地一帯の土工事と傾斜地造成工事は一九一九年（大正八）末に着手し、翌年完了した。引き続き建築工事に着手しようとしたが、第一次世界大戦後の好景気のため物価暴騰が起こり、一時工事の中断を余儀なくされた。一九二一年に入り、物価もいくぶん低落傾向を示したため工事を再開させ、基礎工事、上部鉄筋コンクリート工事に着手し、一九二三年五月にこれを完了した。その後、ただちに室内仕上げ工事および設備工事などに取りかかり、関東大震災を経て、一九二四年

21 「明治神宮外苑競技場概要」『建築雑誌』一九二五年一月、三八頁

に竣工している。

競技場の工事方法は材料官給、手間請負を原則とし、砂利は本局相模川直営採取所より採取した。またセメント一万二〇〇〇樽は浅野セメント株式会社より、鋼材約五三〇トンは八幡製鉄所より、いずれも廉価で供給させた。それ以外の一般使用材料はいずれも鉄道、汽船運賃を半減させることで工事請負人に供給している。一般の建設工事に比して低廉な工費で竣工に導き、佐野の目指す安くて丈夫な建物という理念が反映されているのがわかる。

総じて《聖徳記念絵画館》と競技場を含む神宮外苑一帯は、我が国初の緑の都市計画、緑の社会資本整備であった。また我が国の造園・建築・土木史の中でも重要なプロジェクト成果であり、「プランニング・ヘリテージ」（計画の遺産）[22]である、と評価できる。一九二四年には、神宮外苑一帯約七〇ヘクタールは日本で最初の「風致地区」に指定され、同年に制定された市街地建築物法（現建築基準法）でも「美観地区」に指定され、東京都心に欠かせない憩いの場として法的に位置付けられている。

昭和に入ると、関東大震災の復興と紀元二六〇〇年の記念事業として、東京オリンピックの招致が本格化した。その際、神宮外苑はオリンピックのメーンスタジアム建設候補地として期待されたものの、敷地が狭隘であること、地権者の同意が得られないことなどが判明した。この結果、一九三八年（昭和一三）四月、

22 越澤明「何が問題で、どうすべきか　新国立競技場は、神宮外苑とオリンピックの歴史を踏まえるべき」『新国立競技場、何が問題か』平凡社、二〇一四年、一四八頁

駒沢でのメーンスタジアム建設案が正式に採択された。しかし、当時の日本は盧溝橋事件（一九三七年七月七日）以来の日中戦争が泥沼化し、資材統制が敷かれ、メーンスタジアム用の鉄骨材の入手が困難な状況に陥っていた。こうした時局の変化に翻弄され、駒沢に決まって三ヶ月後の七月一四日、オリンピック東京大会を返上することになり、メーンスタジアム建設そのものも中止された。

戦後の《国立競技場》建設と角田栄

盧溝橋事件から八年後の一九四五年（昭和二〇）、日本は二度の被爆を経験し、全面降伏を受け入れた。それから一〇年を経て、日本体育協会はアジア競技大会を東京に招致し、佐野が監理した明治神宮競技場を建て替える運びとなった。一九五六年、新競技場のキックオフミーティングが《聖徳記念絵画館》内の外苑管理事務室で開催され、旧文部省、東京都、明治神宮の関係者、神宮創設当時に造園を担当した折下吉延、建設省関東地方建設局から角田栄らが出席した。会議の途中、折下は突然立ち上がり、会議場の壁にかかっていた一枚の扁額を指差して、「恐れ多くも明治大帝の御遺徳によって奉建された明治神宮外苑の神聖な事蹟が、ここに示されている」と発言し、出席者一同を凍り付かせた。角田は明治生まれの気概を目の当たりにして「身の引き締まる想いをした」[23]と述懐し、象徴天皇制に移行した戦後においても明治神宮造営当時の国粋思想が脈々と受け

23　角田栄「国立競技場建設当初の思い出」『国立競技場十年史』国立競技場、一九六九年、二四〇頁

継がれていたことを暗示している。

当時の神宮外苑は建設から約三〇年を経て見事な森に育ち、三万人収容の競技場は周辺の環境にすっかり溶け込んでいた。それに対して五万人収容予定の新競技場《国立競技場》は巨大な構築物となり、外苑の風致を一変させるのではないかと危惧された。神宮関係者からは、新競技場のスタンドの高さを隣接する神宮球場外野スタンドの高さ八・六メートルに準ずるよう求められた。このため、現地に八・六メートルの仮設足場を組み、様々な地点から確認しところ、「周囲の森の茂みは深く、思ったよりはるかに高いし、絵画館翼棟の高さは一七メートルもあるので、このくらいなら別に気にすることもあるまい」[24]との結論を得た。その後、《国立競技場》は一九五八年に竣工し、高さを七・九一メートルに納めることができた。角田は大正期から受け継がれた神宮外苑の風致を継承することに成功したのである。

アジア大会が終わったのも束の間、東京都は東京オリンピック誘致に成功し、メーンスタジアムとなる《国立競技場》には増築計画がもちあがった。この計画を担当したのも角田であったが、競技場は七・五万から八万人の収容が求められた。当時、考案された増築案は三つあり、第一案は既設のバックスタンドにオーバーラップして二階建てにする方法であった。第二案はバックスタンドの傾斜なりにスタンドを増築するが、その形を馬蹄形に拡張する方法である。第三案は同

24　前掲書23、二四一頁

じくスタンドの傾斜なりに増築するが、不連続点が生じないよう三日月に増築する方法であった。

それぞれの案を比較すると、第一案は観客収容力の点で最も有利であるが、一部に死角が生ずるという難点があった。第二案は形がスマートでなく、第三の方法は形に無理がなく所要の収容力も確保できた。この結果、第三案が採用されたものの、スタンドの一番高い部分では地上二三・四メートルにもなった。この結果、周囲の樹木を大量に伐採、移植することになり、神宮外苑の風致に少なからず影響を及ぼしたが、《国立競技場》は東京オリンピックのメーンスタジアムとしてその役割を果たすことができた。

丹下健三と《国立屋内総合競技場》

丹下のサイエンス・アプローチとは何か？

戦後、丹下健三は東京大学建築学科で教鞭をとりながら、シェルを駆使した鉄筋コンクリート造大空間の創出に挑戦し、《愛媛県民館》（一九五三）、《駿府会館》（一九五七）を実現させていた。その際、丹下が設計スタッフである丹下研究室の面々に求めていたのがサイエンス・アプローチという設計手法であり、その骨子を以下のように説明している。

わたくしはかねがね建築の作品は何か結晶のようなものだと思っています。ある溶液のなかに、種々の溶液を加えてゆくと、発熱したり、冷却したり、煙をはいたり、光を発したりしながら、最後に、その底に静かに結晶が残ります。その結晶には、もはや生まれ出る苦しみの陰さえやどしていません。いかなる偶然もなかったかのように、厳格な必然だけが支配しています。もはやその形を変えることは発端にさかのぼらない限り不可能である。作者の人格的な個性が、その総合化、統一化の過程のなかで触媒のように働くでしょうが、最後の玉のような結晶のなかには、その触媒のはたらきのあとさえ止めていません。わたくしは、建築の作品をこのようなものにまで高めたいとねがっているのです[25]。

丹下は建築設計の過程を化学実験における溶液と触媒の関係にたとえ、「玉のような結晶」の獲得を最終目的に据えた。この結晶を得るためには膨大なスタディを前提とするが、最終成果は検討途中の紆余曲折はもちろん、建築家本人や担当スタッフの痕跡さえ宿さないほど完成度が高いものであると言う。言い換えれば、丹下の求める設計スタイルとは、真っ白い紙（タブラ・ラサ）の上に好き勝手に理想を描く建築家の夢想とは無縁で、構造や設備の専門家との協議内容を止揚した末に得られる意匠的な統合であった。具体的には、丹下はスタッフに可能性の

25　丹下健三「昭和26年度日本建築学会関東支部競技設計」『建築雑誌』一九五二年三月、三四頁

[図15]《国立屋内総合競技場》にて、左から丹下・坪井・神谷・井上　提供：内田道子アーカイブ

ある案を全パターン検証させ、構造・設備上の制約を組み入れ、数十枚にのぼる立面検討図を手分けして描くことを要求した。さらにそこで得られた有望な複数の案をさらに掛け合わせながら、普遍的で独創的なレベルにまでブラッシュアップしていくことを常としたのである。

坪井善勝による《国立屋内総合競技場》の構法選択

構造家坪井善勝（一九〇七－一九九〇）は、丹下との協働を通じて戦後日本における鉄筋コンクリートの大空間創出に大きな役割を果たし、《国立屋内総合競技場》を実現に導いたことで広く知られる。

坪井は《国立屋内総合競技場》における構造法の選択に際し、要求スパンとの兼ね合いから論じている。坪井の言うスパンとは覆う屋根面積の平方根を指し、坪井独自の図表と道路公団による橋梁調査の図表を比較している[26]。この比較検討は単に単価の問題にとどまらず、小スパンから大スパンへ移行する際に経済性（価格と工期）からどの構造法が適切かを検証するためであり、《国立屋内総合競技場》での吊り構造採用の妥当性を示した。

ここで丹下と坪井による一九五〇年代のコラボレーションを振り返れば、《広島子供の家》では直径二〇メートルの朝顔シェル、《愛媛県民館》では直径五〇メートルの球殻を裁断したシェル、《駿府会館》では一辺五〇メートルのHPシェル

26　坪井善勝「長大スパン構造を実現するための予備知識と研究の課題」『建築文化』一九六五年一月、七六頁

に挑戦してきた。しかし《駿府会館》で竣工後に梁の一部が落下するトラブルに見舞われ、《駿府会館》以上に大きなスケールの体育館を鉄筋コンクリートのシェルで覆うのは施工の面で危険である、という認識が丹下研究室のコンセンサスになっていた。このことからも《駿府会館》の次に取り組んだ柱間距離一二六メートルの《国立屋内総合競技場》では鉄骨吊り屋根を用い、スタンド部分を鉄筋コンクリートとすることとなった。

国際的な文脈で考えれば、一九五〇年代にアメリカではエーロ・サーリネンが《イエール大学ホッケーリンク》を完成させ、吊り構造は当時の最先端表現であり、丹下と坪井による吊り屋根の採用もその時流に乗っていたと言えよう。しかし、坪井のもとで構造設計に携わった川口衞は《国立屋内総合競技場》の吊り屋根表現の特異性として重々しい鉄板で覆った点を挙げている。たとえばミュンヘン・オリンピック（一九七二）でフライ・オットーは透明膜の吊り屋根を用いたが、吊り屋根とは本来軽量な屋根表現であった。しかし、丹下は鉄板を巧みに配置することで漢字文化圏の古代寺院の屋根を彷彿させる重厚な表現にこだわり、軽量さとは対極の崇高性を付与することに成功している。かつて丹下は鉄筋コンクリートの打放し表現を追求し、日本古来の木造建築のプロポーションをコンクリートの柱・梁に当てはめようと苦心惨憺し、伝統論争を仕掛けてきたが、《国立屋内総合競技場》では世界最先端の吊り屋根をアジア的で古代的な大伽藍のように仕立てたのである。これにより丹下は、日本の戦後復興を世界に向けて発信することに成功し、「平和国家の当然の要求」に見事に応えたのである。

《国立屋内総合競技場》でのコンクリート工事

《国立屋内総合競技場》の構造的な独創性は第一体育館の大屋根に顕著に現れるが、ここでは鉄筋コンクリートの工夫に注目し、六〇年代初頭の日本の建設技術水準について振り返ってみたい。

まず、コンクリート施工計画全体の概要に触れると、コンクリート量、場内プラント設置場所、一日の打設量その他を考慮し、第一体育館は現場練り、第二体育館はレディミクストコンクリート使用とし、コンクリートタワー、タワークレーン、水道、電気仮設を設定した[27]。

当時の都内の建設工事においてはほとんど生コンクリートが使用され、コンクリートの材料およびコンクリートの品質の安定性、管理のしやすさなどに優れていた。しかし主体育館の場合、以下七つの理由からコンクリートプラントを場内設置することとした。

①一日の打設量一〇〇－三〇〇立方メートルが連続的に打ち込まれ、同時に二種以上のコンクリート打込が行われる可能性がある、②生コン使用の場合、打込計画が数日前にできていなければならないが、画一的な計画打込は困難である、

27　関東地方建設局営繕部『国立屋内総合競技場施工記録』一九六四年、二八－四七頁

③夏季における打放しコンクリートも多く交通状況その他を考えた場合、運搬時間も一時間以上に及ぶことも考えられ品質の均一性が保たれない、④打設量の算定も建物形状の複雑さからも正確を期しがたい、⑤工期も短く打込量も三万立方メートル前後が見込まれる、⑥コンクリートポンプ使用の場合連続的な供給が必要とされる、⑦現場敷地内にプラントおよび骨材置場設置可能で水も確保できる。

ついで、コンクリートの品質管理について、材料の良否が重要な因子を占めるが、砂、砂利においては天然産であり、かつ産地、業者の購入経路により一定の粒度品質を確保することは非常に難しかった。特に第一体育館の場合は現場練りであるため、現場における材料の管理、またこれに対応する調合の管理が大切になる。骨材の使用決定にあたり、各々の採取場を調査し品質、採取能力、運搬能力を調査し、コンクリート打込工程に十分見合うことを確認した。

また、コンクリートポンプの技術は一九三三年（昭和八）にドイツから輸入され、宮内庁庁舎の基礎に使用されたこともあったが、一九五〇年代末から多く使用されるようになった。今回の工事は建物の面積が広く平面、断面形状が多様で、クライミングクレーンの能力も比較的小さく、他工事に使用される頻度も高いため、コンクリートポンプの併用が計画された。現場で用いられたコンクリートポンプの能力は一日二〇〇－三〇〇立方メートル程度の打設が可能で、配管作業も容易であった。ワーカビリティの悪いコンクリートはポンプ吐出口や管内で分離現象を起こし、閉塞などの故障の原因をつくったが、このような短所がむしろコンクリート管理の入念な実施を生む結果となった。

その後の丹下と日本コンクリート工学の輸出

丹下は《国立屋内総合競技場》で成功を収めた後、大阪万博を経て海外へ飛翔し、デザインにとどまらず、アルジェリアでPCaを調達するための工場を一から建設する計画にも携わった。日本のゼネコンも丹下と歩調を合わせるように海外進出し、現在もその活動領域を拡大している。つまり日本は明治以降、西欧から建設技術の移入と消化に邁進してきたが、七〇年代以後は得られた成果を発展途上国へ輸出し指導する立場となり、追う側から追われる側へ変化したのである。

日本のコンクリート工学は先進国の超高層建設に不可欠であり、経済格差の拡大を後押しする技術であるが、一方で発展途上国に安定した社会基盤をもたらし、結果的に地域紛争を減少させ、世界の平和貢献に資する貴重な技術であることを今一度強調しておく必要がある。

重大な岐路に立たされている二一世紀の「建築科学」

ここまで神宮外苑の来歴と二つの競技場の建設プロセスを俯瞰し、各々の工事でのコンクリート施工現場を振り返った。神宮外苑は佐野らによって設計され、風致地区に指定されたが、その設計思想は岸田、角田により継承され、現在も都民の憩いの場として親しまれている。

特に佐野の「建築科学」と丹下のサイエンス・アプローチを比較して見ると、佐野が「建築科学」を唱えた時代（一九一一年頃）はコンクリート工学の黎明期であり、コンクリートの性能検証そのものが「建築科学」の追求と合致した。極論すれば、明治末にコンクリートを推奨する建築家はすべからく科学的であり、啓蒙的であった。一方で昭和三〇年代（一九五五－六五）に突入すると、日本の都市部でコンクリートはごくありふれた手法となり、建築家が選択しうる素材はスチール、アルミなどに広がった。この結果、長大なスパンを要する大空間の建設にあたっても、様々な工法、技術を組み合わせ、最適な案を模索する必要が生じた。つまり、丹下の活躍した頃、コンクリートは表現においても構造計算においても円熟期を迎え、コンクリートを使うだけでは科学的とは呼べなくなったのである。そして、膨大なスタディと緻密な検証の積み重ねによって生み出されたのが《国立屋内総合競技場》であった。

また、佐野の時代の「国家当然の要求」とは富国強兵と植民地主義であり、丹下の時代のそれは高度経済成長と平和国家としての国際貢献であった。さらに佐野と丹下はともに未来都市の構想者として卓越したイデオローグであり、原点としての「民族的我」（佐野）や「伝統論争」（丹下）へ注力した点で極めて近代的な建築家であった。二人の不断の努力は神宮外苑と代々木の地に刻まれ、今日まで継承されているが、ここには現状の把握と未来の構想、そして不可視な原点が独自の形で統合されている。

ひるがえって、現代における「国家当然の要求」とは東日本大震災からの復興と五輪への貢献を指すが、この要求に応える前に現状の日本社会の問題点と到達すべき未来について丁寧に考える必要がある。戦後レジームからの脱却とアベノミクスを旗印に、軽薄な未来都市（新聞雑誌を賑わす「発展し続ける湾岸エリア」といった標語）に向けて猛進することは著しく歪んだ過去を呼び起こすことは必然であり、二一世紀の「建築科学」は重大な岐路に立たされている、と考えるべきだろう。

第三章　メタボリストの躍進

一　浅田孝のカプセル建築原論

建築におけるメタボリズムと聞いてまず連想するのは、一九六〇年代の高度経済成長、無数のカプセルの増殖、テクノユートピア、といったキーワードであろうか。しかし、メタボリズムを一九六〇年代という枠を外して、二〇世紀というスパンの中で捉え直すと、日本の生存圏の拡張・縮減という問題と不即不離の関係にあることがわかる。戦前の日本では、植民政策を実現するために、居住に関する様々な技術が開発された。戦後に入ると、それらの技術は都心への人口集中を背景にタブラ・ラサとしての東京湾上、二三区の上空に応用され、大阪万博を機に再び中近東の王国やアジア諸国に輸出されるに至った。こうした生存圏に関する技術をマクロに捉えれば都市計画（街区設計、地域設計）に収斂し、ミクロに捉えればカプセル（人工環境）に収斂していく。ここではこのカプセルの起源として浅田孝が設計した南極昭和基地を位置付け、ここから放たれる光が三つのスペクトル（セルフビルド、量産住宅、そしてイメージとしての都市ヴィジョン）に分解される様を描写し、二〇世紀日本近代建築を従来とは異なる視点から縦断してみたい。

戦前の寒冷地におけるカプセル開発と研究課題

しかし、ここに注意せねばならぬ根本的なことは、東洋の新しい形成が、何よりも国防国家としての日本の主体的位置を民族の生存圏の拡大的再編のうへに確立することからはじまる[1]。

我民族の住み且つ活躍せねばならぬ地域は、著しく南方にも北方にも拡大された。北方にも重要な生産施設を設け、資源の開発に努められねばならぬ。国防上にも多くの設備をなし、多数の兵士や産業人の常住が営まれねばならぬ時代になつた。それらに対し我々に相当な準備があつたであらうか。筆者はその地方に対し、住居や生活方法についての分野に限つても十分な研究が我国で既にあつたとは残念乍ら云へないと思ふのである[2]。

戦前、日本は大陸への植民政策を奨励し、一九三八年満蒙開拓青少年義勇軍と同訓練所を組織する。その目的は「国内農村問題の解決と、新秩序建設の第一拠点としての満州国の不動確立の為の農業移民事業を促進せしむる」ことであった。これを実現するために「農村の青少年を現地に移し、その土地で成人せしめて、移民定着の実を、より有効ならしめようとした」[3]。そして少年たちは茨城県

1　浅田孝卒業論文「日本国民建築様式」一九四二年

2　木村幸一郎「巻頭言：積雪地及寒冷地居住の研究について」『雪氷』一九四三年一一月

3　清田文永「満蒙開拓幹部訓練所の建築に就て」『建築雑誌』一九四〇年九月、一七四頁

の内原訓練所において移民のための基礎訓練を受けたが、彼らは自らの居住カプセル（日輪兵舎）を自らの手で建設することとなった［図1］。たとえば、当時、財団法人満洲移住協会が発行した「満蒙開拓青少年義勇軍絵葉書」には「日輪兵舎：我等の家は我等の手で　素人の少年四〇名で一日一棟」［4］と記されている。こうした建て方訓練は、資材が乏しく極寒の満州において自給自足するために重要な訓練であった。この日輪兵舎は満州移民を鼓舞するシンボルとして茨城以外でも建設され、全国各地でカプセルが量産されていった。

当時、「満農の家屋が満農自身の手に依って建築されると云ふことは、何もめづらしい事ではなく」［5］、満州開拓公社からは『開拓地家屋の手入れと住ひ方』『開拓住居』『開拓地向壱号型ペーチカの築き方』『満農家屋の一施工に就て』といったセルフビルドを支援するパンフレット、書籍が数多く発行され、自作家屋に関する工程、費用、材料、規模が平易に示されていた。

また当時の学術的な面について振り返ると、一九三九年、満州国新京駅から真南に六キロメートルの位置に「防空色豊かな平屋建五三〇平方メートル」［6］の大陸科学院建築研究室が満州国建築局長笠原敏郎らの肝入りで設置された。この研究室は五つの部門（地盤、材料、構造、衛生、防空）からなり、緊急性の高いテーマ（寒冷地の室内空調、冬季建造法、凍害防止策など）を建築局の協力を得ながら実際的な解決法を模索していた。

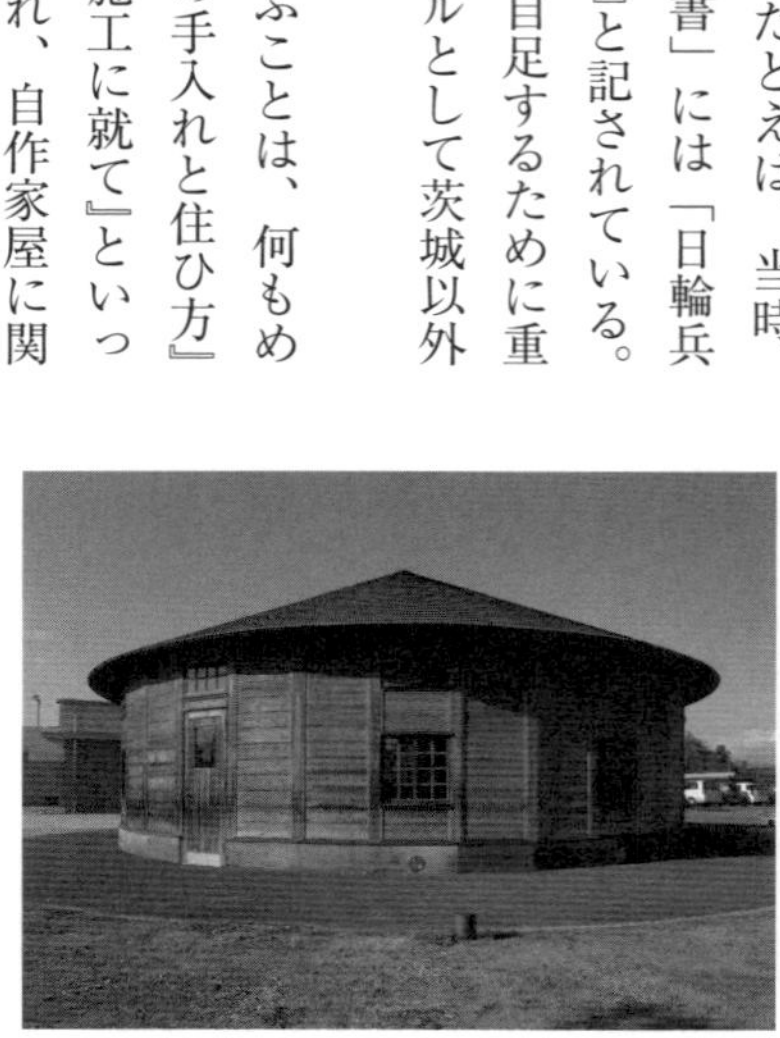

［図1］茨城県の内原訓練所に建つ日輪兵舎外観　撮影：筆者

4　奈良県立図書情報館ホームページ：http://www.library.pref.nara.jp/event/booklist/W_2009_01/hitosyo05.html
5　下村祐二郎「寒冷地住居の文献抄録(1)」『雪氷』一九四四年、一四頁
6　森徹「展望：大陸科学院建築研究室」『建築雑誌』一九四二年一一月、八六〇頁

一方の内地においても、生存圏を拡大するための建築環境工学研究が盛んに行われ、その成果は雑誌『雪氷』から伺うことができる。その中で建築分野から特に積極的に発言しているのが、早稲田大学の今和次郎、木村幸一郎、吉阪隆正であった。今は南方建築研究と対をなす寒冷地建築研究を唱え、「時局による南方への進出によつて、誰の頭にも気候といふ観念がつようひびき、認識の領野が拡大されて、家屋地理学、気候学的建築学が、自ら総括的に整備されなければといふ趨勢になつた」[7]と説いている。吉阪は北千島での住居研究を踏まえ、「かくして北の厳しい天候を克服することは南方の資源と同じ位、現在の日本にとつては必要なことであるのだ、光輝ある日本の領土の北端を守る北千島が、八カ月の長い冬を無為に過ごしている現状は、今後どうしても打破されねばならない」[8]と述べている。さらに吉阪は木村とともに様々な平面形状の住居に風雪が吹き付けた場合の積雪状況を模型で実験し、吹き溜まりが形成される要因について分析している。この雑誌『雪氷』には建築関係のみならず、雪の物理的な基礎調査、通信、電力、軍事施設計画の提案など多岐にわたるテーマが掲載され、満蒙の住居に関する文献情報や座談会が数多く掲載されていることからも、内地と外地の寒冷地居住に関する諸情報を統合・発信の場として大いに機能したと考えられる。

7　今和次郎「巻頭言：寒冷地の建築研究」『雪氷』一九四二年一〇月

8　吉阪隆正「北千島の住居」『雪氷』一九四二年一月、一三頁

北海道大学低温科学研究所と中谷宇吉郎の存在

大陸科学院が創設された翌年の一九四〇年（昭和一五）、北海道大学に低温科学研究所が創設される。この研究施設は中谷宇吉郎博士を中心とした人工雪の研究などで広く知られる。一九四二年、中谷は冬季雲中における着氷現象（樹氷）について研究観察するために、ニセコアンの西山稜上、海抜一一〇〇メートル付近に観測所（雪洞）の設営に励んでいた。と言うのも、高所の山稜上において強風と寒気に耐ええて、長期間にわたって貴重な観測機械を安全に保存するためには、天幕では不安があり、試しに雪洞をつくってみることとなった。

具体的には、初日に隊員一名が剣先大型スコップで奥行二メートル、幅二メートル、深さ一・五メートルの雪を切り取り、翌日、そこから隊員二名、人夫二名で横穴を掘り進め、三メートル×二・五メートル×一・六メートルの雪洞を確保した。こうして、防水布を天井として活用し、観測の合間に雪壁に箱を埋め込み棚を作成するなどの工夫を凝らしていった。結果的に、安全性は確保されたが、観測人数三名に対する必要面積を確保できず、快適な居住性は全く得られなかった。これを踏まえ、翌年、天幕と雪洞を組み合わせ、ストーブを常設した観測所の建設に取り組んでいる。これにより耐風圧を高め、居住性を大幅に向上させている。

戦後、中谷が取り組んだのが同じ北海道ニセコアン山稜上、海抜一一〇〇メートル付近における木造高山観測所の設計および建設であった。そこでは壁を木張二重にして中に鋸屑を入れた「木造建築物は保温には最適」な設計であった。しかし「風速三〇メートルを超す時は、四枚の戸が一緒に一センチメートルもしなつて幾多の危険を感じた」[9]と指摘している[図2]。こうした国内の極地と呼ぶべき冬季高山観測所の建設は、後の南極昭和基地建設に大きく貢献することになった。

南極昭和基地のデザイン計画——マルサッププランと低温エネルギーの提案

国際学術連合（ICSU）は一九五七年（昭和三二）七月から翌年一二月までを国際地球観測年と定め、地球全体にわたって大規模な共同観測を企画したが、南極大陸はその主要観測地と位置付けられていた。

一九五五年末、浅田は丹下研究室に属しながら日本建築学会南極建築委員会に参加し、昭和基地の設計を統括することとなった。このことは寒冷地建築の第一人者を自負した木村にとって愉快なことではなかったが、浅田は吉阪のほかに北海道大学建築学科落藤研究室で寒冷地建築研究の経験があった樋田直人（竹中工務店）とともにノルウェーなどの先行事例を研究し、風雪に耐え積雪時にアプローチ可能な高床円形建築の検討を始めた。こうした情報は、先に触れた北海道大学

9 中谷宇吉郎、岡田鴻記、菅谷重二「木造高山観測所の設計及び建設」『低温科学』No.2、一九四九年一〇月二〇日、一七－二〇頁

［図2］木造高山観測所

低温科学研究所に蓄積された寒冷地建築の建設手法や満蒙開拓団の建設技術に由来し、樋田が中谷宇吉郎らのもとに通って得た諸知識を浅田とともに南極用にアジャストすることになった。

翌五六年一月から二月にかけ、北海道濤沸湖上で南極学術探検設営訓練が行われた。ここでは氷上に住宅を設営する訓練が行われたが、意に反して暖冬で、さらに隊員の不始末で温水が氷上に流れ出て、湖面の氷に穴が開き、住宅が傾くという前代未聞のアクシデントに見舞われた[10]。

この訓練の帰りの車中で発案されたのが、高床円形建築をブラッシュアップしたマルサッププラン（宇宙船のようなドーナッ型建築）であった[図3]。これは円筒ダクトなどに使われる螺旋管の製作方法を応用したもので、船荷を最小限にするためにロールのアルミ板と機械を現地に持ちこみ、螺旋状に金属回転体をつくることで観測基地の外殻としてしまう案であった[11]。こうした円形断面建築の利点として、①単位面積あたりの表面積を少なくすることで熱損失を抑制して貴重な燃料が節約できること、②重量あたりの構造的な耐力が大きいこと、③観測と観測者の居住とを組み合わせて建てる場合にまとまりをつけやすいこと、④岩盤の場合には基礎の工法をまとめて簡略化できることなどが挙げられる[12]。しかし観測隊長らがマルサッププランの採用に抵抗を示し、結果として製作上の安全と既視感を重視したパネル工法が採用されることとなったのが同年四月のこ

10　矢田喜美雄「南極探検設営訓練濤沸湖氷上基地の体験から」『雪氷』一九五六年三月、二九頁

11　武基雄「南極こぼれ話」『建築雑誌』一九五七年一月、七三－七五頁

12　浅田孝「日本観測隊の携行家屋の設計および製作について」『南極観測用建物に関する報告書』日本建築学会南極建築委員会一九五七年一月、一九頁

とであった。

　またこの段階で、川合健二は水爆の理論を踏まえて南極の最寒期に重水素を容易に取り出す「低温エネルギー」[13]を提案したものの、却下されている。こうした発案は今日の目から見るとやや唐突なものに映るが、浅田が唱えた「原爆時代から原始力時代への移行」という時代観に合致していたと考えられる。原爆の投下によって日本は海外への生存圏の拡張を断念し、原爆時代の到来を痛みを伴って経験した。そして来るべき原子力の平和利用時代を予想して、それに相応しい構想が要請された。言い換えれば、原子の働きで都市が吹き飛ぶ時代であるからこそ、浅田は原子に秘された原理から生活環境や都市を構想することの重要性を唱えていた。これは浅田が独自に整理した「浅田のスケール」[14][図4]に集約され、メタボリズム宣言文に直結することとなる。

昭和基地の実施設計——伸縮自在な「機械」としてのカプセル

半年後の一〇月に南極観測船「宗谷」に昭和基地の部材積込みを完了するというタイムスケジュールの中で、基本設計のために残された猶予は一ヶ月程度であった。この段階で浅田に残された選択肢はパネル工法しかなかったが、これを採用するにあたって浅田は克服すべき課題として以下六点、①完全なプレファブリ

13　川合健二「南極と低温エネルギーの夢」『建築雑誌』一九五七年一月、六七‐六八頁
14　浅田孝『環境開発論』SD選書38、鹿島出版会、一九六九年、一〇頁

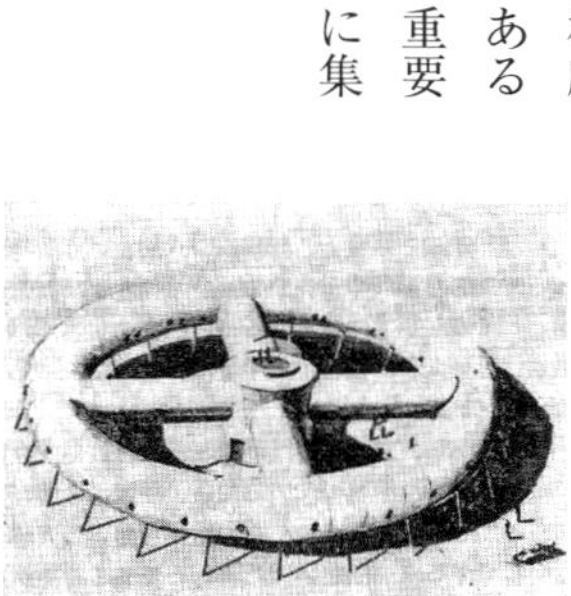
[図3]マルサッププラン

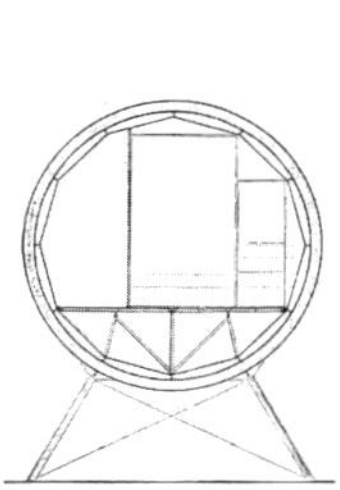

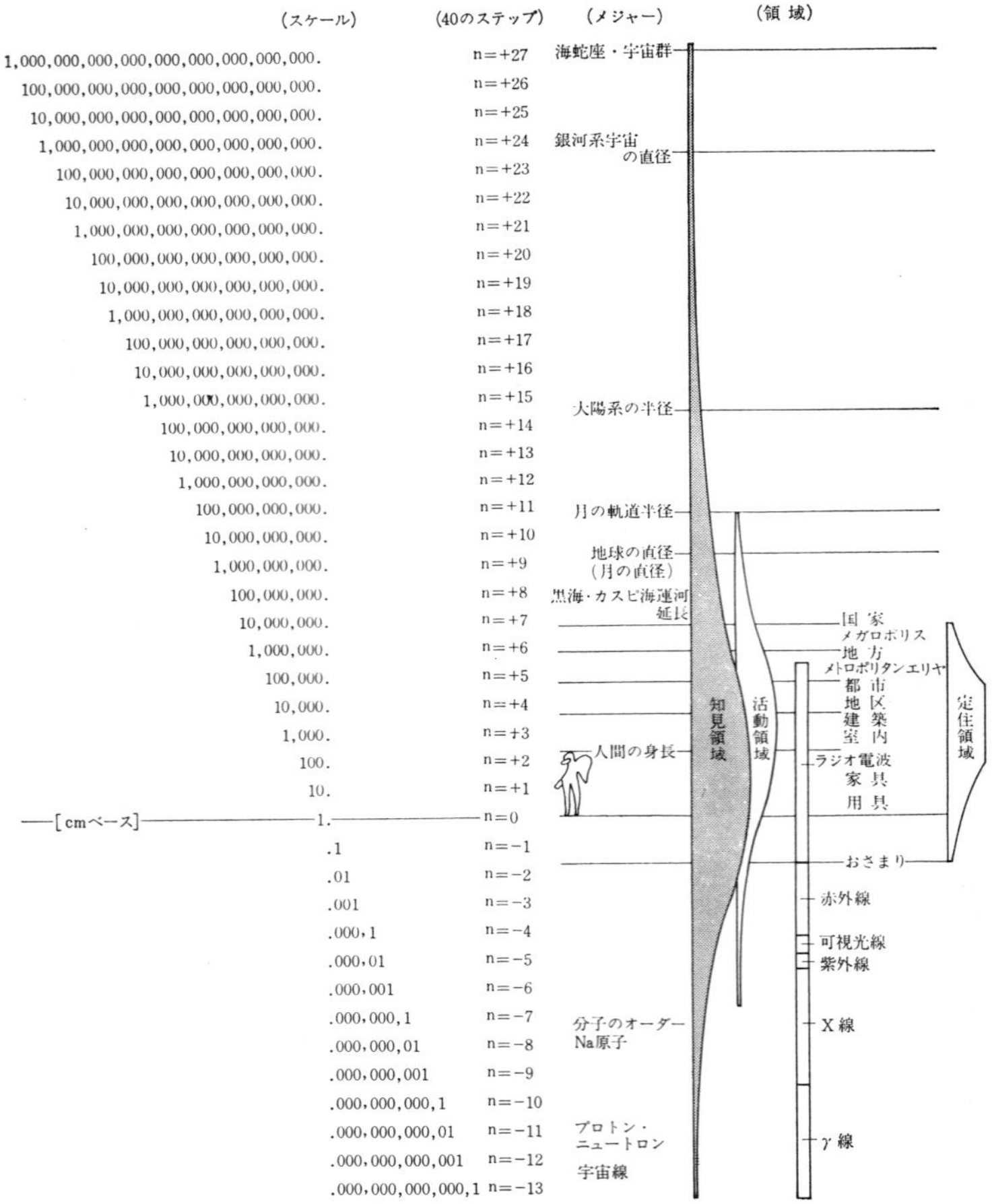
(スケール)
(40のステップ)
(メジャー)
(領 域)
1,000,000,000,000,000,000,000,000,000. n=+27 海蛇座・宇宙群
100,000,000,000,000,000,000,000,000. n=+26
10,000,000,000,000,000,000,000,000. n=+25
1,000,000,000,000,000,000,000,000. n=+24 銀河系宇宙の直径
100,000,000,000,000,000,000,000. n=+23
10,000,000,000,000,000,000,000. n=+22
1,000,000,000,000,000,000,000. n=+21
100,000,000,000,000,000,000. n=+20
10,000,000,000,000,000,000. n=+19
1,000,000,000,000,000,000. n=+18
100,000,000,000,000,000. n=+17
10,000,000,000,000,000. n=+16
1,000,000,000,000,000. n=+15 太陽系の半径
100,000,000,000,000. n=+14
10,000,000,000,000. n=+13
1,000,000,000,000. n=+12
100,000,000,000. n=+11 月の軌道半径
10,000,000,000. n=+10 地球の直径
1,000,000,000. n=+9 (月の直径)
100,000,000. n=+8 黒海・カスピ海運河延長
10,000,000. n=+7
1,000,000. n=+6
100,000. n=+5
10,000. n=+4
1,000. n=+3
100. n=+2 人間の身長
10. n=+1
[cmベース] 1. n=0
.1 n=−1
.01 n=−2
.001 n=−3
.000,1 n=−4
.000,01 n=−5
.000,001 n=−6
.000,000,1 n=−7 分子のオーダー
.000,000,01 n=−8 Na原子
.000,000,001 n=−9
.000,000,000,1 n=−10
.000,000,000,01 n=−11 プロトン・ニュートロン
.000,000,000,001 n=−12 宇宙線
.000,000,000,000,1 n=−13
知見領域
活動領域
国 家
メガロポリス
地 方
メトロポリタンエリヤ
都 市
地 区
建 築
室 内
ラジオ電波
家 具
用 具
おさまり
赤外線
可視光線
紫外線
X線
γ線
定住領域

[図 4]浅田のスケール

ケーションであることに付随して起こる諸問題を解決する、②パネルシステムのうち最も簡明な解決を求める、③極地の特殊条件を技術的に消化する、④素人隊員のためにできるだけフールプルーフに仕上げる、⑤与えられた短時間に日本の製作技術で消化しうる範囲でおさえること、⑥当時全く未決定な要素の多い点について隊の発足後起こりうる諸要求にできるだけ応じられるようにすること[15]、を挙げている。

同年六月中旬には、学会から竹中工務店に正式な製作発注がなされたが、浅田らが提案したパネル工法で特徴的な点が三点挙げられる。第一点として、昭和基地の壁面は軽量化を図るために木製パネルが採用された点である。具体的には非常に硬いカバの木を外枠として設け、ヒノキによる桟を設け、当時珍しかったドイツ製の断熱材を仕込み、フェノール樹脂を塗布した板材で両面からはさんで、熱を与えて固化するものだった。さらにこれらのパネルはヘリコプターで輸送するため、規格化されたサイズであることが要求された。

当時のアメリカの南極基地は国内で製作された部材を「軍隊のおおがかりな機動性を発揮して」[16]空輸するので、軽量化も規格化も図られておらず、日米とも同じ箱の基地とは言っても、全く思想の異なるものであった。またこのパネルが一九九七年（平成九）に上野の国立科学博物館で展示され、一部がカットされたが、その際にはヒノキの香りが漂い、四〇年間全く機能が劣化していなかった

15　前掲書12、九頁

16　吉阪隆正「日本の南極基地ができるまで」『雪氷』一九五七年一月、二一頁

ことが示された。

第二点としてパネル同士を接合する金物部が挙げられる。これは波状歯形の接合部同士の上からパネル接合用コネクターを叩いて嵌め込む工法となっている。と言うのも、大工作業に慣れない観測隊員が極寒の地でごつい手袋をはめたままで可能な動作は「叩く」というワンアクション以外にない、という判断に基づいている。同様に実施設計図面を担当した竹中工務店の所員に対して浅田は逃げのない設計、施工誤差ゼロの設計を目指せ、とハッパをかけたと伝えられている。日本国内では建て方のための逃げ（寸法調整）が大工にとっての常識であったが、極寒地での微調整が容易でないことが満州で得られた知見からも容易に想像され、ちょっとしたパネル間の隙間さえ隊員たちの生活環境を破壊しかねない極地ならではの注文であった。

第三点がモデュラー・コーディネーションの徹底であった。当時丹下研究室において、コルビュジエのモデュロールを応用した丹下モデュロール（フィボナッチ数列を用いた二系統）が用いられたが、昭和基地の設計においては一モデュール＝三〇三ミリメートルとし、図面上には一六・〇（四八四八ミリメートル）、二六・〇（七八七八ミリメートル）といった寸法表示がなされた。これは「消極的ないわゆる〝逃げ〟という態度から、積極的な〝誤差精度〟とその〝調整〟という態度への変換」[17]を意味し、製作現場では既製品との兼ね合いが取れず大

17　浅田孝「あとがき」前掲書12、五九頁

いに混乱した。しかしこのモデュールのおかげで部材精度が高まり、「建築というより、機械に近い精度で建物ができあがった」[18]と言う。さらにこのシステムの長所は、昭和基地の敷地に移動不可能な岩場が存在する危険性があり、現場判断でパネル数を減少させることまで織り込んだ点にあった。つまり昭和基地においては、カプセルの数（棟数）が増減するだけでなく、カプセルそのものが「機械」の精度で自在に伸縮できたことになる［図5］。

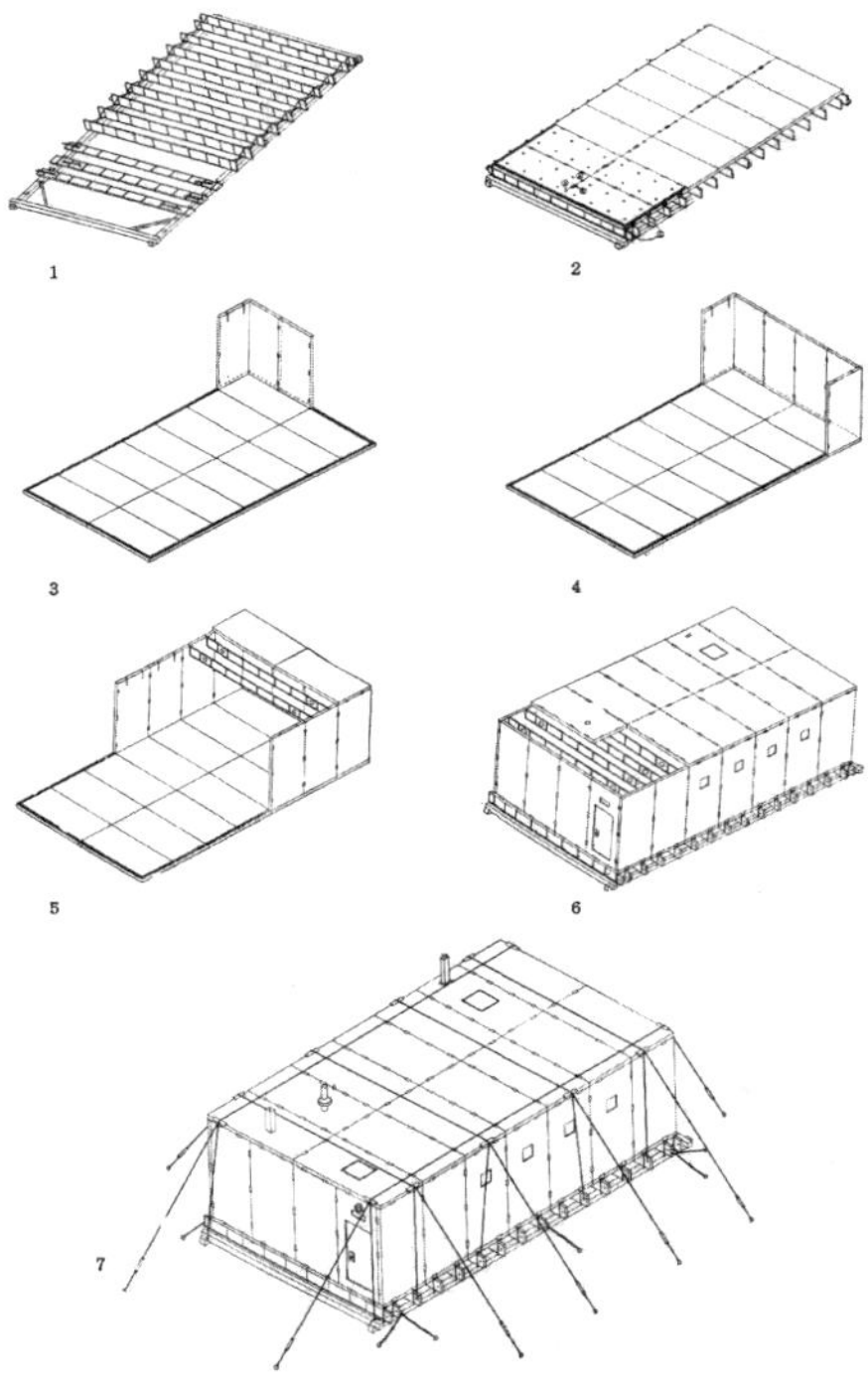

［図 5］南極カプセルパネルアクソメ図

18　樋田直人「南極建築は新思考から　計画の手法」『竹中技術研究物語　40年の回顧』監修：近藤基樹、竹中工務店、一九九二年、六六〇頁

こうして昭和基地は、極寒の地で機械のような精度をもつプレファブパーツを人力のみで組み上げるという破天荒なプロジェクトとして実現し、成功を収めた。

昭和基地の放つスペクトルその1——セルフビルドとコルゲート

第六次越冬隊を機に観測船が「宗谷」から「富士」に切り替わり、南極探検隊は四年のブランクを経て再開されることとなった。一九六六年（昭和四一）、樋田の後輩にあたる竹中工務店の鈴木孝久が第七次越冬隊に加わったが、その際に鈴木に与えられた課題は既存棟の保守点検、および飯場棟、発電棟の建設であった。

南極に足を踏み入れた鈴木がまず目にしたのは、既存棟の躯体が平行になるよう足場が梱包の端切れなどで「グジャグジャに調整されたもの」[19]であった。さらに鈴木を驚かせたのは、昭和基地は設計図書で謳われた強風対策のステイも取っておらず、風下が雪溜まりとなっており、夏に解けた雪が躯体足下に滞留し、蒸発しないまま冬を迎え、年々大きな氷となって、足元が強固な状態になっていたことであった[20]。

新棟の建設に際し、発電棟と居住棟を結ぶ通路が問題となった。鈴木が参加する以前の両者を結ぶ通路は梱包用の木箱を積み上げて、上に蓋をした簡易な通路であったが、鈴木は発電棟への容易なアクセスを考慮して土木用コルゲートパイ

19 鈴木孝久「南極の灯　昭和基地より帰って」『Approach』竹中工務店、一九六六年夏号、二六頁

20 前掲書19、二六頁

プの利用を提案している。これは直径二メートルの半円コルゲートパイプを上下に合わせて、中にグレーチングを敷く構造であった。また、コルゲートと地盤との接点には京成電鉄から譲り受けた古い枕木を敷いて、その上にコルゲートパイプを並べて、ステイで風による横力に対応させた[図6]。

第七次越冬隊と同じ年、浅田のもとで昭和基地の設備設計に携わった川合健二は豊橋にコルゲートパイプを用いた自邸を建設する。この住宅は戦後日本住宅史の中でセルフビルドの手本として称賛され、最も個性的な外観をもった住宅の一つに挙げられる。川合は五六年の昭和基地設計段階でコルゲートパイプによる施設計画を着想していたが[21]、豊橋で実現する運びとなった。川合は自邸設計当時を述懐し、「風に抵抗する家をつくろう」「人間でも腰を落ちつけてしまったら動かないように、家というのも基礎を深く掘ると越したがらないので、なるべくヘリコプターで運べるぐらいの重量でなくては困る」「少ない材料を使って一つの強度をもたせなくてはいけないということ」[22]といった与条件を挙げている。これらの条件設定は昭和基地に課せられた与条件そのものであり、南極に浅田のカプセルが実現した一〇年後、豊橋に昭和基地のスペックに近しい住宅が建設されたと考えられる。

一方で、川合は自らの住宅スケッチを見せても浅田や丹下健三から好印象を得られなかったために、「建築家に相談すべきものではない、自分でやらなくては

21　川合花子「インタビュー　コルゲート住宅の40年」『川合健二マニュアル』編集出版組織体アセテート、一六八頁

22　「川合健二　自宅を語る」『建築』一九七〇年五月、八八－九一頁

[図6]コルゲートパイプによる居住棟

しょうがない」[23]と決意しているが、実際には浅田のスタッフであった氏家隆正の助言を得て、ディテールを検討している。

昭和基地建設は高度なプレファブ技術と短時間のセルフビルドを統合し、自給自足生活が要請されたが、川合は昭和基地の設計チームに身をおき、セルフビルドと自給自足の哲学を独自に昇華させ、コルゲートパイプによる自邸建設に至る。川合自邸と時を同じくして、昭和基地においてコルゲートパイプの通路が増設されたのはただの偶然ではあったが、セルフビルドとコルゲートパイプの浅からぬ縁を感じさせる。

昭和基地の放つスペクトルその2――プレファブとミサワホーム

風速六〇メートル、時速では二一六キロメートルというＦ１レーシングカーなみのブリザードが吹き荒れる南極。外気温度もマイナス五〇度という過酷な環境で安全を確保するために、日本建築学会が総力をあげて完成させたのが、木質パネルを構造体とする第一次観測用〝パネル式越冬小屋〟でした。一九五七年に建設されたこの南極昭和基地初の建物こそ、当時日本にもなかったプレハブ住宅の第一号です。その後、多くの建物に使用される木質パネルの生産をミサワホームがお手伝いしてきました。日本のプレハブ住宅、

23 前掲書22、八八頁

つまり工業化住宅の発展は、南極から始まったといっても過言ではありません[24]。

南極から帰国した後、鈴木孝久は観測隊長の村山雅美から「基地を大々的に大きくしたい」という相談を受けた。昭和基地の大規模な増築は特注でつくることになり、どのゼネコンが請け負っても必然的にコストがかさみ、実現のハードルが高くなることが懸念された。一方で、第一次観測隊から一〇年間が経過してわかったのは、昭和基地の設営条件はさほど厳しくなく、気象条件も日本の規準よりやや厳しい程度ということであった。当時、日本のプレファブメーカーも値段が下がりかけていたため、鈴木は村山に対して竹中ではなく、プレファブメーカーで対応可能だと助言している。その後、昭和基地関連の設計が日本大学に移り、一九六八年（昭和四三）の第一〇次居住棟からミサワホームが昭和基地建設を直接受注し、先に掲げたホームページの文言に至る。

言い換えれば、昭和基地の建設とは一九五六年に前人未到の大地において「生存」以上の「生活」可能なカプセルを実現させることを意味し、「工業化住宅に対するわが国で最初の本格的挑戦」[25]であったが、そこから放たれた光の中にはプレファブのスペクトルが含まれ、これがミサワホームの未来、そしてセルフビルドと対極の日本の没個性な郊外住宅の町並みを導くこととなった。

24　ミサワホームホームページ：http://www.misawa.co.jp/kodate/tokuryou/pop-up/south/03/index.html

25　舟橋功男「南極建築物語　白い大陸に挑んだ35年前の建築技術」『竹中技術研究物語　40年の回顧』監修：近藤基樹、竹中工務店、一九九二年、六五四頁

昭和基地の放つスペクトルその3――イメージとしてのカプセル群

メタボリズムは、字義どおり耐久消費財によって、建築を構成することである。外貌にカプセルが氾濫するのは、建築の論理的な解として提出されたものではなくて、大量に生産されたユニットを誇示し、その取り換えのシステムを明示することによって、今日の産業社会が産み落とした機構を賞賛することである[26]。

一九五〇年代末、菊竹は雑誌『国際建築』において《海上都市計画》を発表し、無数にカプセルが氾濫する都市イメージを提出している。この企画を菊竹に持ち込んだのは丹下研究室OBで『国際建築』編集者の田辺員人であった。田辺は編集者として丹下研に出入りしながら最新プロジェクトを誌面で紹介していたが、五〇年後半には旧建設省や住宅公団が東京湾岸開発（埋立事業）を計画していることを察知し、都心への人口集中の弊害を解消するアイデアを建築家である菊竹に描かせた結果が《海上都市計画》であった。

当時、都市計画関係者の中で都心への人口集中を是認していたのはごく少数派であり、その代表格が丹下研究室であった。丹下健三は研究室の大番頭であった浅田孝とともに都心への人口集中を認め、経済を復興させる統計調査を継続的に

26 磯崎新「槇文彦」『建築の地層』彰国社、一九七九年、四〇〇頁

行う一方、それを建築的に実現する提案を《東京都旧庁舎》や《香川県庁舎》で行っていた。田辺は一九六〇年の世界デザイン会議事務局のスタッフを務め、事務局長であった浅田を支え、後に「消費革命」に関するレポートをまとめている。

こうした人間関係の中で「メタボリズム一九六〇」が世界デザイン会議において発表され、無数のカプセルに埋め尽くされた都市イメージが多く提示された。しかし、この事態を冷静に捉えると、カプセルだらけの都市イメージを提示するには二つの前提（都心への人口集中を是認し、それを解決する手法としてカプセルを工業化すること）が不可欠であったが、前者は丹下研の統計分析において裏打ちされ、後者は浅田の南極カプセルによって実現可能性が示されていた。その後、黒川らは後発者の特権を利用して、都心への人口集中を理論ではなく感性で受け取り、要領よく消化すると同時に、何のためらいもなくカプセルを描き続け、「産業社会が産み落とした機構を賞賛」できた、と考えられる。

繰り返せば、昭和基地の設計施工がわずか一年で実現したことで、温暖湿潤な日本国内であれば、たとえ空中カプセルであろうと海上カプセルであろうと国内の技術力（竹中の総合力）を駆使して実現できる、という夢を若い建築家たちに抱かせたことは想像に難くない。この意味において、丹下研における都市研究調査がメタボリズムの理論的基盤を与え、浅田が実現させた南極カプセル建築が一九五〇年末以後に続々と提案された空中カプセル建築のテンプレート（型板）

の役割を果たした、と考えられる。

万能細胞としての浅田カプセル

戦前の日本は八紘一宇の掛け声とともに生存圏の拡張を目指し、寒冷地への植民を奨励した。その際、内地外地問わず、様々な検討、研究がなされ、セルフビルドの居住ユニットが考案されたが、原爆の投下とともに一時中断された。それから一〇年の時を経て、国際地球観測年を機に浅田は南極昭和基地をデザインすることとなったが、浅田は戦前に蓄積された寒冷地技術を大いに活用してマルサップブランを提案している。実際の昭和基地では極めて現実的なパネル工法が採用され成功を収めたが、プレファブ産業、セルフビルドのカプセル、イメージとしてのカプセル群という三つのかけ離れたカテゴリーに大きな影響を及ぼし、それらの発展を促した。この点で浅田のカプセルは、メタボリズムを含む二〇世紀日本近代建築にとって万能細胞とでも呼ぶべき役割を果たし、多様な可能性を秘める一条の光となった。

二　黒川紀章から見る戦後日本の「都市・首都・国土論」

ホモ・モーベンスといい、カプセルといっても、現代の精神的状況のもとにおいては、単なることばの断片でしかないかもしれない。しかしそれは、堅固に構築された壮大な思想体系よりも、はるかに強く鋭く、時代を動かしていくのだ。スピード、セックス、ＬＳＤ、ヒッピー、そしてゲバルト、解放区、etc、etc。短いことばの断片が、鋭い刃物のように、不思議な力をもって人びとの心を突き動かす。これらのことばは、すべてこの現代というものを極限的状況においてとらえる弾丸なのだ。いわば、それはカプセル化された思想なのである［図7］［27］。

二〇世紀の日本において、お茶の間の人気を独占し、一世を風靡した建築家として黒川紀章が挙げられる。一般誌で企画される人気者ランキングでたびたび上位に選出され［28］、盟友磯崎新から「日本では初めての、ただひとりともいえるメディア型建築家」［29］という称号を得たこともその証左と言えよう。黒川がＴＶ、新聞、雑誌を通じて発するメッセージは、住宅から都市、首都、国土、地球、宇宙と広

［図7］《中銀カプセルタワー》撮影：筆者

27　黒川紀章『ホモ・モーベンス　都市と人間の未来』中公新書、中央公論社、一九六九年

28　「一九六九年四月に講談社による〝キミたち若者が選んだ現代のヒーロー〟に、川端康成、三島由紀夫、ケネディ、ドゴール、松下幸之助、チェ・ゲバラ、キング牧師、毛沢東、吉永小百合と共に選ばれている。サンデー毎日（一九七〇年十二月）による〝街で聞いたカッコイイ男〟に、三島由紀夫、遠藤周作、宇野重吉、高橋和巳らに続いて、十二位に入っている。（中略）そして、一九八九年十月の文芸春秋の〝エリート百人の投票による日本の最強内閣〟には、建設大臣に指名されている」。黒川紀

範な領域に及んだが、その実態は捉えどころのない無数のキーワードの連なりであった。冒頭の引用文にある通り、黒川自身は自ら発するキーワードが「単なることばの断片」にすぎないものの、「鋭い刃物のように、不思議な力をもって人びとの心を突き動かす」力をもち、「堅固に構築された壮大な思想体系」を破壊しうる、と確信していた。

ここでは黒川とともに二〇世紀後半の日本で都市、首都、国土に関する構想を打ち出した磯崎新、浅田孝、下河辺淳の足跡と比較対照することで黒川の都市デザイン論を振り返る。その過程で、黒川の足跡を総括するキーワードである「共生の思想」がどのような形成プロセスで登場し、どのような特徴を有するのかについて触れてみたい。

黒川の都市デザイン論——磯崎新との対照

黒川の「東洋の都市デザイン」と磯崎の「四つの段階論」

黒川が丹下研究室を離れた後に上梓した都市論集として『都市デザイン』（初版：一九六五）が挙げられる。黒川は第一章の中で古代から近現代までの都市史を俯瞰し、近代都市の特質を「流動する都市」「境界のない都市」「共存する都市」に求めている。第二章では一九世紀以後の近代都市計画、特にＣＩＡＭの栄枯盛衰

章「キショウ・プレス：人気投票と黒川紀章」『黒川紀章ノート：思索と創造の軌跡』同文書院、一九九四年、六七頁
29　磯崎新「黒川紀章さん追悼　建築家・磯崎新　日本初のメディア型建築家」『産経新聞』二〇〇七年一〇月一六日

に照準を当てて叙述するが、それとは対照的に第三章では新陳代謝や東洋の都市空間の特異性を強調し、黒川独自の都市論の萌芽を感じさせる。

　ここで黒川の『都市デザイン』各章の成果を当時の先行研究に比較対照すると、第一章の三つのキーワードは一九五〇年（昭和二五）代の丹下研究室における主要研究テーマと重複する。一つ目の「流動する都市」とは通勤・通学者の人口動態であり、丹下研では終戦直後から複数のモビリティの発展がもたらす都市の拡大と変容を統計的に分析していた。二つ目の「境界のない都市」は第三次産業の急速な成長による都市域の拡張と人口集中が問題視され、丹下研では東京湾上に伸びる《東京計画一九六〇》が計画された。三つ目の「共存する都市」ではスケールの共存、機械と人間の共存が謳われるが、丹下研では人間の人体寸法に基づくヒューマンスケールに対して、都市のコアに集う群衆のスケールと高速移動手段のスケールが追求され、《広島平和記念公園》をはじめとする様々な都市デザインなどに反映されていた。

　ついで『都市デザイン』第二章のＣＩＡＭ分析は、磯崎による「都市デザインの方法」（一九六三）[30]と多くの点で符合している。磯崎は一九世紀以後の都市デザインを「四つの段階」（実体論的段階、機能論的段階、構造論的段階、象徴論的段階）から整理し、ＣＩＡＭ以前、以後の都市デザインを振り返りながら、象徴的段階においてコンピュータによる都市デザインと「見えない都市」の到来

30　磯崎新「都市デザインの方法」都市デザイン研究体『日本の都市空間』彰国社、一九六八年（初出：『建築文化』一九六三年一二月）

を予言するに至った。これに対して、黒川は磯崎と同様にオスマンのパリ大改造、CIAMの結成、アテネ憲章とチャンディガール、ブラジリアにおける実験を紹介しつつ、これらには変化・成長の概念が不在であり、TEAM Xやスミッソンらによる都市デザインやメタボリズム・グループの活躍に触れている。そして都市デザインの基礎として客観的で科学的な分析手法が不可欠であり、他分野との協働による最先端の成果を統合・終結する努力が不可欠である、という認識を示している[31]。この記述からも黒川が丹下研の設計スタイルを理性的に受け入れていたことがわかる。

しかし黒川は『都市デザイン』第三章において東洋の都市空間の特異性を強調し、「東洋の都市に広場はない、西欧の都市には道はない」という極論を導き出している。一般に広場とは西欧社会の共同体を育んできた公共空間であり、東洋の都市に広場に該当する都市空間がなかった、と指摘する識者は多い。それに対して「西欧の都市に道はない」という指摘はやや唐突であり、黒川は海外建築家が多く参加する国際会議で自説を発表して大きな反発を招いた、と述懐している[32]。

このエピソードから想起されるのが、文芸批評家保田与重郎（一九一〇－一九八一）による『日本の橋』（一九三六）である。保田によれば、西欧の橋は人工的な構築物で強度を持つが、日本の橋は自然に溶け込み、過去の歌人たちも

31　黒川紀章「第二章　機能的都市の変質」『都市デザイン』紀伊国屋書店、一九七八年（新装版）、七七頁

32　黒川紀章「序　道空間の意味」『道の建築　中間領域へ』丸善、一九八三年、三頁

度々感情移入してきた。かつて国学者は、中国大陸において漢字を駆使して理性的な「道」を模索する姿勢を漢心と批判し、大和心の優位性を説いた。保田はそれを独自に拡張し、天橋立に象徴されるように「道」の端に架けられる「橋」が重要であり、理性では到達不能な感情の世界、穢れなき神の世界に接続する、と言う。黒川が保田の『日本の橋』をどこまで意識したか不明であるが、著名な海外建築家の中で啖呵を切り、爪痕を残すには十分な論法（ハッタリ）であったと思われる。

黒川は第四章で「原型都市─類型都市─造型都市」[33]からなる「都市デザインの三段階」を展開する。黒川の定義に従えば、「造型設計とは気配、気分、雰囲気という三つの気《け》を象徴し、空間に魂を入れる作業」[34]であった。黒川はこれを説明するにあたって、リーマン空間やトポロジー空間といった熟《こな》れない数学モデルをもちだす一方、陰陽道[35]を引きながら呪術的デザイン論を披露し、菊竹清訓の「か・かた・かたち」論に強く共鳴していたことがわかる。

磯崎の「スコピエ計画の解剖」と黒川の『行動建築論』

丹下は一九六五年（昭和四〇）にスコピエの震災復興コンペで一等を獲得した後、《スコピエ計画》を推進する際に磯崎を右腕として重用した。磯崎はスコピエでの経験を踏まえつつ、先に触れた「都市デザインの方法」の続編として「ス

33　黒川紀章「第四章　都市デザインの方法」『都市デザイン』紀伊国屋書店、一九七八年、一六四－一六五頁
34　前掲書33、一六四頁
35　前掲書33、一七〇頁

コピエ計画の解剖」(一九六六)[36]を書いている。

磯崎はその前段で、先の「四つの段階」を「実在空間《もの》―ダイヤグラム空間―パターン空間―モデル空間」に対置させたまではよかったが、四つの段階に沿いさえすれば都市デザインが成立するような誤解を生んだことを反省している。本来の設計とは、その内部で常に飛躍し、試行錯誤を繰り返し、むしろ有機的な展開をするものであり、「四つの段階」のいずれにも設計上の重要な契機が含まれる。しかし、四つの段階をあらかじめ設定したために、重層化させさえすれば都市デザインになるような錯覚を生んでしまった。一方で「四つの段階」を設定したことによる効用は、言語化した都市情報をコンピュータに入力して都市デザインを行う可能性を示唆できた点にあった。と言うのも、一九六〇年代に入って日本でも超高層ビルの構造計算にコンピュータを導入する試みがなされ始めたのである。

磯崎はその後段で、一九六六年当時の曖昧模糊とした都市デザイン手法を俯瞰し、以下六つの論に整理している。一つ目は「組織化論」で、これは槇文彦の群造形に代表される集合体のパターン解析であった。二つ目は「装置化都市論」で、丹下研の《山梨文化会館》に代表されるジョイント・コア、アーキグラムによるプラグ・インなどが該当する。三つ目は「流動体的解析論」で、都市空間のシンボルの濃度と流れ、パラメーターによる把握が該当する。四つ目は「パターン・

36 磯崎新「スコピエ計画の解剖」『磯崎新著作集1 空間へ』美術出版社、一九八四年、三五四頁

セマンティクス論」で、アレグザンダーの『パターン・ランゲージ』が該当する。五つ目は「視覚構造論」で、ケペシュやリンチによる『都市のイメージ』が該当する。六つ目は「シンボル配置論」で、『日本の都市空間』の界隈分析に用いられた手法に該当し、都市には非連続な諸要因が同時存在し、無関係なシンボルの重複と並列に依存している、という発想に基づいている。

これに対して黒川は、磯崎の「スコピエ計画の解剖」が発表された翌年、『行動建築論』を上梓している。この中で、黒川は都市設計を「構想過程・構造過程・造型過程」[37]という三段階で捉えることを提唱し、黒川自身が展開している六つの手法を紹介している。一つ目は「フローチャートの作成」で、コンピュータによる都市デザインを可能にするための流れ図（プログラム）に該当する。二つ目は「情報密度の設定」で、磯崎が指摘した「流体的解析論」に該当する。三つ目は「立体的用途地域制」で、丸の内の再開発（高密度利用）を実現するために垂直移動装置を分散配置する発想で「装置化都市論」の類例と見なせる。四つ目は「刺激の方法」で、スーパーブロックの再開発ではなく、小ブロックの開発を順次結んでいく「漢方療法」的手法を指し、ジェイコブズの影響が見て取れる。五つ目は「二進法交通」で、四つ角交差点廃止・直進禁止を行うことで緩速であるが交通量を捌ける交通モデル[38]を指し、《東京計画一九六〇》の交通計画を発展させている。六つ目「道空間の設計」は、《西陣労働センター》（一九六二）や

37　黒川紀章「現代都市と建築」『行動建築論』彰国社、一九六七年、二二六頁

38　前掲書37、二六二頁

《子供の国アンデルセン記念館》（一九六五）などのコンセプトであり、建築内に留めがちな様々なアクティビティを道に取り込む手法を指し、先に触れた「西洋都市に道はない」という極論を具体化するアイデアであった。

磯崎《お祭り広場》計画と黒川「カプセル宣言」

磯崎と黒川はともに大阪万博（一九七〇）に参画し、前者は丹下のもとで《お祭り広場》のコンセプトづくりを、後者はお祭り広場上空の《空中テーマ館》（カプセル住宅）のデザインを担当した。

《お祭り広場》は、多数の群集が不確定に行動し、休息・儀式・上演といった多様なイヴェントの開催が予想されたが、磯崎はこうした複雑な状況にコンピュータが自動応答する場を構想した。具体的には広場内の状況をセンサーによってモニタリングし、各センサーから得られた諸情報を人工知能が自己学習し、群衆もしくは演者の動作に呼応する照明・音響・天井装置を一体化して作動させることを意図した。ただし、実際には技術的、経済的、時間的制約の中で、広場総体としては、人間の判断によるマニュアル・コントロールに依存することとなった[39]。

一方、黒川は万博広場上空の《空中テーマ館》の設計の最中、『ホモ・モーベンス論』（一九六九）を上梓し、八条からなる「カプセル宣言」を書き上げている。

39　磯崎新「ソフト・アーキテクチュア：応答場としての環境」『手法が』鹿島出版会、一九九七年、八六－八七頁

黒川は、第一条で「カプセルとは、サイボーグ・アーキテクチュアである」と宣言し、人間と機械と空間が対立関係を越えて新しい有機体をつくる、と言う。第二条では「カプセルとは、ホモ・モーベンスのためのすまいである」とし、動く住まいとしてのトレーラーハウスの有用性が謳われている。第六条では「カプセルは、情報社会におけるフィードバック装置である」とし、情報社会と人間の応答を制御する装置をイメージしている。第八条では「カプセルは全体性を拒否し、体系的思想を拒否する」とし、西欧の二元論や体系的思想が言葉の単位に解体されるように、大伽藍もカプセルの単位に解体され、時代の変化に呼応してカプセル同士が自在に接続されるべき、と言う。この発想は原広司が唱えた「有孔体理論」（一九六七）と共鳴するようなアイデアであった。

ここであらためて一九六〇年代の黒川と磯崎を比較対照すると、両者は丹下研究室時代から製図板を並べ、奇想天外な数々のアイデアを描き、大阪万博では各々の持ち場で才能を発揮した。そうした中で両者が展開した都市デザイン論について、二つの共通点が指摘できる。一つは、両者とも海外の都市デザイン状況に精通し、自らの都市デザインに組み入れる能力を有した。二つ目は、二人の都市デザイン論は丹下研究室での活動をベースとしつつ、観念論に重心をおいていた。磯崎は「見えない都市」を予言し、黒川は「西洋の都市には道がない」と啖呵を切った。どちらも論理を超越し、直観に依拠したが、特に黒川は戦前の保田与重郎を彷彿される極論を無防備にもちだすことで、自らの独自性を確保しようと躍起になっていたと考えられる。

一方で両者の差異は七〇年代以後に明確化され、磯崎は建築を建築として思考する道を選択して現代美術や現代思想に接続しようと心がけたが、黒川は社会、政治、経済という外側から建築を決める道を選択し、シンクタンクである社会工学研究所（以後、社工研）の設立を経て、政治権力への接近を試みた。

黒川の首都デザイン論——浅田孝との対照

《川崎駅再開発》と「広場と青空の東京構想」——ジェイコブズとの距離

黒川は丹下研時代から浅田孝から多くのことを学び、浅田が事務局長を務めた「世界デザイン会議」（一九六〇）において事務局運営をサポートした。その際、黒川は浅田が主導したメタボリズムにも主要メンバーの一員に加えてもらい、「世界デザイン会議」において新進気鋭の建築家として紹介された。浅田は「世界デザイン会議」終了後、丹下研を離れ環境開発センターを立上げ、《子供の国》や横浜六大事業、香川県観光開発計画などに尽力した。その際、黒川も浅田を追うように丹下研を離れ、自らの事務所を構えつつ浅田から《子供の国アンデルセン館》のプロジェクトを斡旋されている。

この頃、黒川はジェイン・ジェイコブズの『アメリカ大都市の死と生』の翻訳に取り組んだ。この中でジェイコブズは街には多様性が不可欠であり、住居地域、商業地域などの用途の多様性、新しい建築と古い建築の混在する多様性、小規模なものから大規模なものまでも包含するスケールの多様性が、生活者に選択の可能性を与えていることを強調した。ジェイコブズに感銘を受けた黒川は混合用途地域を具体化すべく、《川崎駅再開発》(一九六九)において「ラビリンス・アンド・クラリティ」を提案している。具体的には、商店街全域を一気に再開発する代わりに、低層部を周辺既存商店街の雰囲気に合わせて親しみやすい迷路(ラビリンス)のようなショッピング・ストリートをつくり、高層部はオフィスとして川崎のランドマークをつくり出す、という算段であった[40]。

黒川はジェイコブズの翻訳の際、浅田から多くのアドバイスをもらったと述懐しているが、浅田もジェイコブズの思想に深く共鳴し、その痕跡が『広場と青空の東京構想　試案1971』(東京都企画調整局調整部編、一九七一)にも見て取れる。この構想は、美濃部亮吉東京都知事が二期目の立候補をする際のマニフェストとして浅田に立案依頼した構想であった。ここでは市民参加とシビルミニマムの原理に貫かれ、特に一極集中を回避した「三軸二極構造」(多摩地区開発)と既存ストックを生かした「地域社会単位のモデル計画」が目を引く。

この「地域社会単位のモデル計画」において、浅田は四つのモデル地区を取り

40　黒川紀章『黒川紀章著作集第9巻』勉誠出版、二〇〇六年、三七六－三七七頁(初版:『都市学入門　この東京を、この列島を蘇生させる術』祥伝社、一九七三年)

上げている。一つ目が江東区デルタ地帯に見かける住・工・商混在地区であった。この地区では「よみがえる下町」を目標とし、工場移転・集団化、高層公的住宅の建設、地区住民の優先的入居、道路網の再整備と歩行者・子供の交流空間として再生、中小企業勤労者用レクリエーション施設の整備が謳われている。二つ目が木賃アパート密集地区で、この地区では「働く若者のまち」を目標とし、商店併設下駄履き高層住宅を道路沿いに建設し、広場を囲んで単身者アパート・公共施設を配置することで、「人々は市民大会を開き、自分たちの要求や希望をまとめて区や都と話し合うなど、まちづくりとその運営について創意をもって参加」することを目指す。

三つ目が郊外スロープ地区で、ここでは「連帯意識の強まった住宅街」を目標として、高齢化に呼応したコミュニティづくり、婦人たちが街づくりに強い発言権を発揮すると言う。四つ目が多摩近郊に見受けられる都市域農家集落地区で、「都心周辺の新生農村」を目標に、多摩連環都市のモノレールで接続され、様々な施設を利用可能となり、米作から高級蔬菜や花卉園芸に切り替え、史蹟や自然が保全される、と言う。

これらの四つのモデルは、海抜ゼロメートル地帯、木造密集、郊外、多摩という東京の典型的な地理条件を踏まえ、混合用途地域を追求しシビルミニマムと市民参加の実現が謳われている。

都知事選――秦野陣営「四兆円ヴィジョン」と黒川「都市交通論」の酷似

美濃部は浅田が描いた「広場と青空の東京構想」を掲げて都知事選に立候補したが、対抗馬である秦野章は「四兆円ヴィジョン」を公約として立候補している。秦野の公約のポイントは、東京への一極集中の加速と強靭化にあった。具体的には、都心付近に生活環境のよい住宅の大量建設、鉄道・道路のネットワークの整備と都心機能の分散による通勤難の解消、緑地とスポーツレクリエーション施設の確保、自動車排気ガスと騒音の公害、火災、高潮などの災害防止、生活環境の悪い地区・未開発地区の開発が謳われている。

巷では、この「四兆円ヴィジョン」には黒川が参画しているのではないかと噂されていた。黒川自身はこれを強く否定しているが[41]、こうした噂には相応の妥当性があった。たとえば、秦野は新しい都市交通について「地上には耐震不燃の多層コミュニティ住宅群と超高層ビジネスセンターとを建設し、これに鎖状に連結する数個の環状交通高速システムを重ね合わせることにより、多様な都市機能を統一的に抱擁する新しい大都市を創造する」[42]と強調していた。秦野による「鎖状に連結する数個の環状交通高速システム」とは、黒川が《東京計画一九六〇》の中で担当し、『都市デザイン論』（一九六五）の中で訴えてきた「鎖状交通（サイクル・トランスポーテーション）」[43]を指すものと思われ、黒川のアイデアが秦野の公約に強い影響を与えていることは明白である。

41　曲沼美恵『メディアモンスター　誰が黒川紀章を殺したのか？』草思社、二〇一五年、三五二頁（初出：『日刊建設通信』一九七一年二月一〇日）

42　秦野章「はじめに」『東京緊急開発行動五カ年計画　大綱』一九七〇年九月

43　前掲書33、一九二頁

秦野が都知事選で敗れた後、黒川は自著『都市学入門』（一九七三）の中で、一〇の項目からなる「私の東京改造プラン」を打ち出し、第三条で「平面的都市から立体的都市へ」を、第四条で「シビルミニマムからシビルミニマックスへ」を掲げている。前者について、黒川は都有地、公有地、国有地、国鉄用地・線路などの有効な活用による二三区内の再開発を訴え、「四兆円ヴィジョン」と歩調を合わせている。また後者について、黒川は浅田が掲げたシビルミニマムに否定的で、シビルミニマムのみに注目すると、際限なき底上げに行き着くと論難する。このため、シビルミニマムの対極にあるシビルマキシマム（最高生活環境基準）を想定し、両者を組み合わせた「シビルミニマックス（最適生活環境基準）」が重要な指標となる、と指摘している[44]。

さらに黒川は『道の建築』（一九八三）の冒頭で、広場が日本人にとって新鮮な民主主義の象徴として映ったこともあって、日本中の至るところで青空と広場が街づくりのスローガンとなっていたが、「西欧化こそ近代化だとする発想は明治維新以後の日本の潮流だから不思議なことはないのだが、戦後の建築界もまさに、西欧化の道を走り続けてきた」と糾弾する。このとき、黒川は浅田の構想が近代化＝西欧の二元論にとどまるものであり、自らの「道の建築」には大衆と保守政治家に訴えかける力がある、と見做していた。こうした点を鑑みると、黒川は六〇年代に浅田を師として仰いだが、七〇年代には袂を分かち、左寄りの「広

44　前掲書40、四〇八頁

場と青空の東京構想」を揶揄しながら、保守思想を掲げる政治家や財界人との距離を縮めていったことが伺える。

石原慎太郎「甦れ！ 東京：東京再生基本構想」と黒川「私の東京改造プラン」

一九七一年（昭和四六）、黒川は美濃部都政下の東京都本庁舎建設審議会の委員となり、その後七年間にわたって議論に参加している。この委員会は、有楽町にあった都庁舎を新宿に移転すべきかを検討し、新宿の都有地周辺には第二国立劇場のような文化施設をつくるのが相応しい、との結論を出していた[45]。

一九七五年、美濃部は三選を目指して都知事に立候補したが、その際の対抗馬となったのが石原慎太郎であった。石原の公約「東京再生基本構想」は一〇項目からなり、黒川も社交研のメンバーとして石原の公約立案を手伝っていた。この中から都市・建築に関するものを四つ拾い、黒川の「私の東京改造プラン」（一九七三）と比較してみたい。石原の第四項「福祉政策を質的に発展させよう」は黒川の「第二条：若者だけの都市から老人を含めた都市へ」の主張と重複している。石原は第五項「暮らしにもう少しゆとりのあるスペースをもとう」の中で、一人あたりの居住スペースを増やすことを主張しているが、黒川も「第三条：平面的都市から立体的都市へ」の中で公団住宅が「２ＤＫと呼ばれる狭い居住空間しかもっていない」ことを批判している。

45　磯崎新、大谷幸夫、黒川紀章「東京都庁舎を解析する」『建築雑誌』一九九一年七月、一四頁

石原の第七項「まず、人間が地上を歩こう」の中で、暖かい生活感覚に息づく「路地」や「街の通り」を結ぶ東京大歩道計画を唱えているが、これは黒川の「道の思想」に共通している。石原の第九項「人災と天災から生活を守る都市をつくろう」で強靭な都市建設を訴えているが、黒川は「第十条：無防備都市から防災都市へ」を唱えていた。こうしてみると、黒川が唱えてきた都市構想は、福祉や防災の面で独自性を欠くものの、狭小住宅解消や歩行者道への視点が石原の公約に反映された、と考えられる。

黒川は美濃部都政下で都庁移転という重要な行政課題に積極的にコミットしつつ、美濃部都政に否を突き付けた石原陣営のブレーンとしても活躍した。石原の指摘する通り、黒川の参加した社工研の提案は「優等生の一夜漬け」[46]の域を出るものではなかった。しかし、七〇年代の黒川は自らの都市構想を一般大衆や政治家に訴えかける力を蓄え、選挙公約の立案を通じて政治へのチャンネルを確実に拡張していった、と考えられる。

巨大化する東京への処方箋——「TOKYO2025」と『都市革命』

一九七三年（昭和四八）の第一次オイルショック以降、長期にわたる不景気により緊縮財政が敷かれ、環境問題への関心の高まりと相まって公共事業の規模が縮小していった。さらに一九七九年の第二次オイルショックを受け、鉄鋼業界、

46　前掲書41、三一二頁（初出：楠田實・石原慎太郎（対談）「〝知識の政治参加〟は可能か」『自由』一九七五年八月号）

ゼネコン業界が協働して日本プロジェクト産業協議会（ＪＡＰＩＣ）を結成し、東京湾横断道路に代表される大型プロジェクトを民間活力の導入によって実現することを提言していた。ＪＡＰＩＣの取組みは、中曽根康弘内閣の内需拡大政策や一九八六年に制定された「民活法」[47]に呼応し、汐留の国鉄用地売却と都心の巨大再開発が実現した。これは、かつての秦野章の「四兆円プロジェクト」の延長線に位置付けられよう。

一九八六年、自民党副総裁金丸信の肝入りで、東京湾の一体的な再開発を目指す「民間活力活用推進懇談会」が組織され、黒川もその委員に名を連ねた。ここには東京都のみならず、環境庁、建設省、通産省、運輸省、国土庁など関係省庁も参加したが、「各省庁の軋轢で協議会がつぶされる」[48]という憂き目を見た。一方で、一九八七年五月、国土庁が四全総を間もなく最終発表すると囁かれていたが、黒川は「TOKYO2025」（東京都改造の緊急提言　2025年の国土と東京）を発表する。この提言は、佐貫利雄、尾島俊雄、大田正樹、白根禮吉、石井威望、寺井精英、中川義英といった各方面の専門家らとともにつくりあげたもので、国土全体のネットワークを高度化しつつ、東京湾上に人口五〇〇〇万人の新島を建設し、新首都とする壮大な構想であった。

「TOKYO2025」の発表後、黒川はカザフスタンや中国で壮大な都市計画案を現実化する機会に恵まれたが、二〇〇七年には『都市革命：公有から共有へ』を

47　「民活法は、昭和六〇年九月のプラザ合意以降の国際経済情勢の変化の中で、経済社会の基盤の充実に資する特定施設の整備を民間事業者の能力を活用して促進し、内需拡大を通じた国民経済の発展等を図るため、昭和六一年五月に成立した法律である」民活法政策評価研究会『民活法政策評価研究会報告書』経済産業省、二〇〇六年二月二八日、三頁

48　黒川紀章「キショウ・ノート：民間活力活用推進懇談会（金丸副総裁）」前掲書2、三八五頁

上梓し、ついに都知事選に立候補した。この中で黒川は、それまで半世紀近くにわたって取り組んできた数々の都市デザインのアイデアや、海外での都市計画の実績を振り返りながら、人口減少時代の持続可能な首都のあり方を打ち出している。ここで注目されるのは、七〇年代の主張とは打って替わり、都知事選での黒川は浅田的な都市ヴィジョンを提示しながら石原都政を批判し、東京一極集中回避と東京オリンピック招致中止を訴えたが、石原、浅野史郎に遠く及ばず落選した。

黒川の国土デザイン論——下河辺淳との対照

下河辺と黒川——国土計画を担う中央官僚と文化サロンの貴公子

一九四七年（昭和二二）、下河辺淳は丹下研究室で卒論を書き、建設省に入省する。その後、下河辺は全総計画の立案に深くコミットし、国土庁事務次官（一九七七−七九）、阪神淡路大震災復興委員会委員長（一九九五）を歴任したことで広く知られる。

六〇年代後半以後、下河辺は全総計画を立案する際、「大規模プロジェクト研究会」を開き外部の識者を招いたが、そこに黒川が招聘されている。当時、国土計画や国土開発とは「土建屋」の分野として蔑視されていたが、下河辺は国土計画の名誉を回復すべく、「国土と文化」をテーマに掲げ、一九七四年の国土庁発足当時は文化人と呼ばれる人々とばかり交流していた、と述懐している〔49〕。おそらく、下河辺の文化人枠に黒川も名を連ねていたと推察される。と言うのも、黒川は六〇年から女性誌でも大きく取り上げられ、マスコミの寵児として頭角を現し、一九七四年から一七年間にわたりＮＨＫの解説委員を務め、一九七九年には日本文化デザイン会議の幹事を務めるに至ったためである。いわば、黒川は文化サロンの貴公子であった。

黒川の自著には、時の総理大臣や大企業の社長らとのスナップ写真が数多く収められている。政治家や有力企業家からすれば、人気絶頂のタレントと親密な関係を晒すことは自らの政治力を誇示することと同義であり、一方の黒川からすれば自らの社会的信用を瞬間的に高める絶好の機会であった。同様に、黒川は日本国有鉄道顧問、文部省中央教育審議会委員、厚生省社会保障長期展望懇談会委員、内閣総理大臣政策研究会を歴任するなど〔50〕、官僚サイドからも重宝される論客であった。政治家、企業家、官僚を問わず、黒川は自らを必要とする人々と相互依存の関係を結び、相手を喜ばせつつ社会的信用を高めていった、と考えられる。

仏教都市の復興——宗教を軸とした国土計画史観と「共生の思想」

中央官庁の幹部である下河辺と文化サロンの中心に位置する黒川は対極的な存

49　読売新聞解説部『時代の証言者　下河辺淳「国づくり」』読売ブックレット、二〇〇五年、一三三頁

50　前掲書28、三八一－三八四頁

在であったが、一方で国土計画に関して共通のテーマを掲げていた。それは仏教を下敷きにした都市計画の検討であり、東洋都市の再評価であった。下河辺が文化人との交流に求めたのは、国土計画における技術論ではなく観念論であり、黒川が最も得意とした分野であったとも言える。

下河辺は二〇世紀日本の国土計画を振り返り、戦前の内務省が行ってきた公共事業の発想が廃れ、戦後は経済復興から所得倍増計画に至るまで経済主義に傾斜した国土計画が行われた、と指摘している。と言うのも、二〇世紀前半の日本は八紘一宇を掲げ、思想、宗教、文化に自信を漲らせながら戦争に突入し、東条英機内閣のもとで「大東亜国土計画大綱素案」（一九四二）が完成する。しかし、日本はポツダム宣言を受諾して無条件降伏したため、戦後に「日本の伝統的なものを言うことが、かえって犯罪みたいに聞こえ」[51]、国土計画は現実的な経済主義を選択せざるをえなかった、と述懐する。一方で、二〇世紀以前の日本の国土計画を振り返ると、仏教が権力と関わるか関わらないかという歴史を繰り返してきており、下河辺は二一世紀の国土計画はいかなる場合でも、宗教性が問われると推論している。ここから下河辺は「京都の都市計画などを見ても、もっともっと仏教文化というものを原点にした都市計画が要るのではないか」[52]という主張を展開する。

一方の黒川は、大学院時代にインド哲学を専門とする中村元の『東洋人の思惟

51　下河辺淳「第三回　戦後五〇年の国土開発」『国土行政計画考』財団法人国土技術研究センター、二〇〇二年、一八頁

52　下河辺淳「第十四回　二〇世紀文明→二十一世紀文明」前掲書51、六頁

53　前掲書32、二頁

54　黒川紀章「第一章　二元論からの脱出」『情報列島日本の将来』第三文明社、一九七二年、三五－三六頁

55　「まず第一に〝家〟はその内部において〝距てなき結合〟を表現する。どの部屋も距ての意思の表現としての錠前や締まりによって他から区別せらることがない。すなわち個々の部屋の区別は消滅している。たとい襖や障子で仕切られているとしても、それはただ信頼において仕切られるのみであって、それを開けることを

方法』（一九六一）を熟読していた。この過程で黒川は、インド、中国、日本の思想、文化の違いを分析する比較思想論に強い興味関心を抱き[53]、都市デザイン分野への応用を試みている。この結果、先に触れたとおり、黒川は一九六五年に上梓した『都市デザイン』の中で「西洋都市には道がない」という日本浪漫派的な極論を打ち出した。

一九七二年（昭和四七）、黒川は『情報列島日本の将来』を上梓したが、その中で西洋の都市は自然と対立し、西洋の住宅は石で囲まれて窓が小さいが、東洋の都市は自然と融合し、「道」や「縁側」が建築と自然をつないできた、という仮説を提示する[54]。この対比は、戦前に倫理学者和辻哲郎が『風土』の中で展開した、西欧の壁の多い住宅に比して日本家屋の特徴は「距てなき結合」[55]であり、家庭内の団欒は町全体に広がり、国民の共同性につながる、という国粋的な議論と共鳴する。

一九七九年、黒川は『共生の思想』を上梓し、自らの都市ヴィジョンのルーツを東海高校時代に出会った浄土宗僧侶椎尾弁匡（一八六七－一九七一）の「ともいき仏教」に求めている。椎尾は一九二二年に「共生会」を発足させたが、これに対して対極的な評価がなされている。一つは浄土宗関係者によるもので、椎尾の唱えた「共生」が仏教由来の言葉であり、二一世紀の現代社会の課題を解決する原理と見なす肯定的な理解である[56]。もう一方は、「共生」なる言葉は仏教起

拒む意志は現わしておらぬ。（中略）ヨーロッパの家の内部は個々独立の部屋に仕切られ、その間は厚い壁と頑丈な戸によって距てられる。この戸は一々精巧な錠前によって締まりをすることができ、従ってただ鍵を持つもののみが自由に出入りし得るのである。これは原理的に言って個々相距てる構造と言わねばならぬ。内外が第一に個人の心の内外を意味することは、家の構造に反映して、個別的な部屋の内外となるのである。だから部屋の戸口から出ることはちょうど日本において玄関から出ることと同様の意味を持つ。（中略）だから一方では日本の家に当たるものが戸締りをする個人の部屋にまで縮小されるとともに、他方では日本の家庭内の団欒に当たるものが町全体にひろがって行く」。和辻哲郎「第三章　モンスーン的風土の特殊形態」『風土：人間学的考察』岩波書店、一九三五年、一四五－一四六頁

56　神谷正義「椎尾弁匡と共生思想」『印度学仏教学研究』第四十九巻第一号、二〇〇〇年一二月、二六九頁

源の用語と定義する辞典、辞書は見当たらず、「共生会」が時代のニーズに合わせて国体の極楽化を謳ったのではないか、という批判である。つまり、「椎尾の共生思想は、国粋思想の土台の上に仏教の論理を展開した感が強い。（中略）これは〝八紘一宇〟の仏教版であり、現代のグローバル世界に求められる普遍性はどこにもない」[57]と糾弾されている。

後者の批判的見解に基づいて、椎尾と黒川の軌跡を照らし合わせると、時局への呼応に長けた怪僧椎尾の「ともいき仏教」の二面性は、建築家黒川の「共生の思想」に見事に引き継がれ、バブル期の日本で蘇生したのではないか、と推察される。極論すれば、黒川は排他的で国粋的な建築文化論を、耳障りのよい「共生」でラッピングし、何の後ろめたさもなく発信し続けた、と言える。

たとえば、黒川の『共生の思想』のページを捲っていくと、「生命の原理、エントロピー、メタモルフォーシス、循環、共生、情報、中間領域、間、曖昧性（ファジー）、両義性、場、路地、道空間、通時性（ディアクロニシティ）、共時性（シンクロニシティ）、江戸、花、花数寄、ノマド、カプセル、屋台、関係」[58]など、無数のキーワードに彩られ、そこに深遠な世界観を求めようとすると、幻覚症状と徒労感に襲われることになる。一方で、黒川は自身の発するカプセルやメタボリズムといった言葉が、「スピード、セックス、LSD、ヒッピー、そしてゲバルト、解放区」[59]といった大衆寄りの言葉と同様に、強く鋭く時代を動かして

57　新井俊一「親鸞における共生の思想」『日本仏教学会年報』No.64、一九九八年、一五四頁

58　黒川紀章「プロローグ」前掲書28、一八頁

59　前掲書27、一七〇頁

いる、と明言している。つまり『共生の思想』に綴られたキーワードの群れを理路整然と考察することは不毛であり、むしろ深入りせず語感を楽しみ、感性で受け入れることが「共生の思想」を悟る正攻法であった。

また、下河辺の著作と黒川のそれを対比的に捉えれば、前者は史実に基づき、中央官僚らが二一世紀の国土計画を構想する上での最重要文献であることは疑いないが、一般人の興味を引くことは稀であった。これに対して、後者は思いつきの域を出ないキーワードが定義もされぬまま書中にばらまかれているが、多くの一般人が書店で手に取るほどに魅力的であった。下河辺の説法が五〇〇年後の読者（来世）に向けられた小乗的思考だとすれば、黒川の『共生の思想』は時代の半歩先を指し示す大乗的な読み物であり、大衆の無意識に訴えかける踊念仏のごとき役割を担ったのである。

仏教都市の各論その1——道の思想

ここで、下河辺と黒川の国土計画思想を比較対照するために、道と循環社会について取り上げてみたい。下河辺は、黒川とは対照的な歴史観に基づき、日本の国土構造における道の意味を振り返る。六世紀に日本に仏教が伝来し、七世紀に律令制度を取り入れ国土管理が導入されたが、下河辺はその際の渡来人の存在の大きさを指摘している。下河辺によれば、弥生時代には先住民が自らの文化をつくりながら必要に応じて暮らしをつくってきたが、律令制度以後は国家のつくり方から町のつくり方、国土の構造のつくり方に至るまで、渡来人の情報と指導に則り、国家管理による国土構造を実践してきた、と推測している。

その際、京都、奈良、滋賀を含む畿内を中心にして中央集権国家の都をつくり、全国的には東海道、山陽道、北陸道、東山道、西海道、山陰道、南海道という七つの道に区分し、沖縄と北海道を南北に配するという国土構造を形成した。これらの道には畿内から国司が派遣され、国府と国分寺が整備されたが、ここで下河辺が指摘する道とは、今日の自動車道路のような線状のものではなく、面的な行政管理区を道と称していた。以来、今日に至るまで、為政者が道を帯状に捉える国土管理体制が形成された、と言う[60]。江戸時代には幕藩体制のもと、江戸を中心として三〇〇諸侯の藩を結ぶ参勤交代道路の整備が問題となり、明治期には参勤交代道路を一般道路、国道に指定しなおしたが、その出発点は日本橋におかれてきた。

敗戦後、GHQは日本を統治するためにジープを持ち込んだが、旧建設省に命じて米軍施設周辺の道路整備を急がせた。その際、下河辺を含む旧建設省官僚らは「それは軍用道路であって、また再び戦争をするための道路をつくることは問題がある」と抵抗したが、GHQは「道路というものは権威主義としてつくるものではなくて経済活動、生活活動としての自動車の交通のためにやるのであって、

60 下河辺淳「第一回 日本の国土構造の歴史」前掲書51、四頁

自動車の交通量の増加と道路の改良整備とをつなげる作業が必要である」[61]と回答している。

下河辺によれば、日本の道路行政史上、ＧＨＱの指示により初めて交通量、経済開発、地域開発の観点で道路計画を立案する発想が生まれた、と言う。その後、自動車社会の到来に呼応すべく全国津々浦々に高速道路が整備されたが、下河辺は二一世紀には「本来的に道路とは何か」を考え直す必要性を説いている。たとえば、朝市のようなマーケットの機能や、都市マラソンなどのレクリエーションの機能、高速道路の地下活用、ライフラインの統合機能、高層ビル所有者の道路利用税など、都市の社会的文化的な共同空間としての道路を検討すべきである、と提言している。

一方の黒川にとって、道空間とは第一に建築と自然を結びつけるツールであり、何度も繰り返す通り西洋都市にはない、東洋都市固有のものであった。第二に遍路や巡礼に代表される移動空間であり、日本文化の源泉として位置付けられている[62]。

61　下河辺淳「第九回　道路行政のあり方」前掲書51、二頁

62　前掲書32、四頁

仏教都市の各論その２——解体工学と循環社会

黒川は大阪万博の頃から循環社会を論じ、解体工学を展開してきた。具体的には、壊れやすい建築をつくるのではなく、解体しやすい建築をつくることに照準

を当て、環境問題に適応しようと心がけてきた。たとえば、黒川の代表作である《中銀カプセルタワー》（一九七二竣工）はプレファブ技術をふんだんに用いているが、黒川はこれを解体工学の一つになる、と強調している。と言うのも、シャフト部分を立体的な道路と見なし、これを通じて上水や電気が各カプセルに供給され、各カプセルは生活様式の変化に応じて増築、解体が可能なようにハイテンションボルトで取り付けてある、と説明している[63]。これが事実であれば、二〇〇五年に《中銀カプセルタワー》の建替え問題が浮上した際、全カプセルを撤去、交換するか、タワー全体を取り壊して、ゼロエミッション建築の先駆けとなるべきであったが、実際には区分所有者らの見解がまとまらず、二〇一六年に至るまで宙づりの状況にある。

一方の下河辺は、循環社会をつくる際のポイントとして水資源の管理、水との共生を挙げている。もともと縄文集落は水害や津波を避けた丘に発見されることが多いが、物流や食料調達の観点から川や海から遠く離れるわけにもいかず、水との共生こそが死活問題であった、と考えられる。縄文集落ではゴミや排水を敷地にいったん溜め込み、曝気することを期待しつつ残りカスを土壌に埋設してきた。同様に、縄文集落の多くは下水道的な河川を有し、海の浄化能力を熟知して、「海のどの辺の深さのところへ、どのくらいのものとしてボリュームを放出しても、海は浄化するというようなことを工夫しながら排水して」[64]いたのではな

63　黒川紀章「国土開発のビジョン」『黒川紀章全集　第10巻都市論Ⅱ』勉誠出版、二〇〇六年、一二一頁

64　下河辺淳「第八回　河川行政のあり方」前掲書25、七頁

いか、と下河辺は推測している。

下河辺は国土計画の原点である縄文集落の立地に立ち返りつつ、現代の首都圏における水との共生について二点挙げている。一つは洪水を避けるための堤防問題であり、スーパー堤防に代わって遊水池の積極的な導入を提言している。二つ目は臨海部の地震対策であり、戦後東京では臨海部の軟弱地盤、低湿地帯を宅地にすることは禁じられていたものの、都心への人口集中を背景として、埋立地に公営住宅を量産することとなった。東日本大震災時にも、浦安近辺の住宅街が激しく液状化したことは記憶に新しいが、下河辺は首都直下型地震時に、かつて海だった臨海エリアが壊滅的な被害にあうのではないか、と警鐘を鳴らしている。また、人口減少時代の都市の課題とは、臨海部に張り付いた定住人口を丘に移住させることにある、と強調している。

戦後日本の近代化に足跡を残した黒川の都市ヴィジョン

本節では黒川紀章の「都市・首都・国土論」を俯瞰すべく、丹下研に所属した個性的な三者と比較対照を行った。磯崎と黒川の対比は、都市デザインをめぐる芸術と社会構造の対比であった。両者はともに近代を批判しつつも、近代を加速させるアヴァンギャルドとして荒唐無稽な都市デザインのアイデアを無数に生み出してきた。一方で磯崎は建築を建築として思考する道を選び、黒川は社工研を立ち上げて社会、政治、経済という外側から建築を決める道を選んだ。

浅田と黒川の対比は、首都である東京の将来像をめぐる左派、右派の対立であり、六〇年代の浅田と黒川はジェイコブズ解釈を含め多くの点で同じ方向を向いていたが、七〇年代の幾度かの都知事選を経て、浅田は住民主体の町づくりを推し進め、黒川は保守思想へ接近し、巨大開発推進に舵を切ったのである。しかし、晩年に石原都政を批判して立候補した際、石原との差異を明確にするために、黒川のマニフェストは浅田の主張に図らずも回帰することになった。

下河辺と黒川の対比は、国土計画を司る中央官僚と大衆に支持される文化人との対比であり、仏教を下敷きにした国土計画の復興を目指す点で共通の関心を有していた。一方で、下河辺の言説は官僚としての経験と歴史観に裏打ちされ、含蓄があるものの一握りのエリートにのみ理解される点で小乗的であった。これに対して黒川の言説は戦前の大政翼賛会的な仏教に共鳴し、大味で空疎であるものの、大衆を魅了する点で大乗的であった。

三つの節を通じて気付かされるのは、磯崎、浅田、下河辺、黒川は、都市デザインに関する技術論以上に観念論の展開に情熱を燃やし、大所高所から都市・首都・国家を有機的に論じている点で共通している。一方で、三者との対比を通じて、黒川の「共生の思想」の特質を三つ抽出できた。一つには、黒川は未来的なカプセル思想と国粋的な建築文化論を好んで持論に取り入れ、丹下研の並み居る諸先輩と差別化を図った。これにより黒川は海外の建築家に鮮烈な印象を与え、「共生の思想」の基礎をつくると同時に建築家としての自我を確立することに成功した。その背景として、黒川が心酔した椎尾の「ともいき仏教」が、国粋的な皇国史観に基づく仏教であったという指摘が注目される。二つには、近代批判を掲げアヴァンギャルドとして建築家のキャリアをスタートした黒川は、革新思想をもつ浅田から離れ、保守的な政治家や企業家らとの距離を詰める中で「共生の思想」を練り上げた。三つには、黒川が半世紀にわたって思いつくままに発信した無数のキーワードは「共生の思想」の構成要素として再配置されたが、これらの言葉は難解な専門用語にもかかわらず、踊念仏のごとく大衆に浸透したのである。

黒川の都市ヴィジョンは、大政翼賛会的な国粋仏教の影、近代路線そのものである丹下や浅田への反発、そして磯崎らへの対抗心を映し込みつつも、生来の明るさを放つことで大衆の心をつかみ、戦後日本の近代化に大きな足跡を残した、と言えよう。

三　磯崎新――制作の現場とプロジェクトの位相

磯崎新はこれまで「投企」（project）という言葉を「計画」（planning）の対極に位置する言葉として扱ってきた。一般に「計画」とは未来を先取りし、非効率を改善し、目標に向けて直進する機械論的世界像そのものであり、近代社会特有の直線的な時間概念であった。一方で近代を批判するエコロジストたちは、未開社会が季節や暦の移り変わりに寄り添い生きてきたことに共鳴し、円環的な時間概念によって近代社会を相対化しようと試みてきた。こうした事態に対して、磯崎は官僚たちが法規を通じて生み出す「計画」が表面的には幸福でありながら、実際は閉塞的な日常しか生み出されないと看破し、「投企」により均衡内にズレを発生させ、「事件」を引き起こし、例外状態を生み出そうと腐心してきた。そしてエコロジストが反近代を掲げて自然の美しさやスローフードを謳うのに対して、磯崎は人間社会を事も無げに破壊する自然の崇高さをたえず参照して制作してきた、と言えよう。

また磯崎による「投企」を人間関係の視点から捉えれば、複数の個人がひとつの主体として、政治的、社会的、時代的、地理的な複雑なネットワークに〈むかって〉投げかけることに始まる。このため、磯崎による「投企」の試みは成否はともかくとして「事件」化し、つぶれることもあれば、波紋を広げることもあった。たとえば、本節で扱う一一の論考のうち、その多くは建築との隣接分野の人々との応答により形成されている。アナーキーなアーティスト、フォトグラファー、メタボリスト、音楽家、哲学者との応答といった具合に、従来の建築家の枠をはるかに超える内容となっている。

こうした事態に対し、批評家宮川淳は磯崎の「投企」が戦後日本のエピステーメーの構造に深く関わるとし、ジル・ドゥルーズの哲学に引き寄せて、〈引用〉という言葉に集約して説明を試みている。言い換えれば、磯崎の広範な活動の軌跡は伊東忠太―丹下健三―安藤忠雄という単線的な日本近代建築史観によって定位できないのである[65]。本節では磯崎の「投企」を、都市に対する対極的な介入手法（〈モノ〉による介入と〈コト〉による介入）から整理するが、これらの手法がいかに素早く華麗に展開されようとも、丹下研というファンダメンタルな位相から明瞭に理解できることを示したい。

また、磯崎の〈モノ〉と〈コト〉の違いについてあらかじめ触れれば、伊勢神宮を〈モノ〉（フォーム）として理解した場合、高床（南方海洋文化）と棟持ち柱（北方大陸文化）の弁証法として評価可能になるだろう。一方で〈コト〉（アクションやイヴェント）として伊勢神宮を理解した場合、式年遷宮という二〇年

65　「磯崎新・苅部直対談：思想としての建築」『週刊図書新聞』二〇一三年三月一五日

ごとのイヴェントに注目し、「始源のもどき」（国家起源の隠蔽問題）を導きだすことも可能であろう。

《新宿ホワイトハウス》──あらゆる〈コト〉を内包するホワイトキューブ

一九三一年（昭和六）、磯崎は大分に生まれ、岩田高校在学中から絵画制作に取り組んでいたが、一九四九年に東大進学した後、同郷のアーティスト吉村益信に依頼され、《新宿ホワイトハウス》（一九五七）の設計を行っている。この建物は磯崎の処女作として知られ、縦×横×高さ各々三間のキューブ状のアトリエとなっている。磯崎の回想によれば、コルビュジエのシトロエン住宅や最小限住宅に影響を受けたデザインであった［図8］。吉村は「革命芸術家のホワイトハウス」の意を込めて、このアトリエを《新宿ホワイトハウス》と命名し、ここで前衛的な芸術グループ「ネオ・ダダイズム・オルガナイザー」（一九六〇）を組織することになった。

当時、「ネオ・ダダ」として集まった芸術家たちの活動は「アクション」と呼ばれ、体制に順応する画壇とは対照的に極めて攻撃的であった。これに参加したアーティスト赤瀬川原平は、安保闘争のために国会議事堂前で展開されたジグザクデモの活力と「ネオ・ダダ」の熱気を同格に扱い、以下のように回想している。

［図8］《新宿ホワイトハウス》撮影：新建築社写真部

ネオ・ダダ展のパンフレットを吉村の体にペタペタと貼り付け、ミイラのようにして街頭に出て行った。町がまるで外国のように新鮮だった。私たちは満足に形を取れない作品の、そのエキスだけを持って、キャンバスではない現実の町の中に躍り込みたかったのだ[66]。

「ネオ・ダダ」とは、安保反対に端を発して東京全体を覆い尽くした喧騒を作品に注入し、奇想天外な〈コト〉を起こそうとした人々であり、磯崎は彼らの活動をインキュベートする根城をデザインした、と言えよう。六〇年代以後に磯崎が様々なアーティストとコラボレーションする原点がここにあったと考えられ、《新宿ホワイトハウス》そのものが現代の美術館の基本形と称されるホワイトキューブであったことは示唆に富んでいる。

66 赤瀬川原平「第四章 無償のスペクタクル」『反芸術アンパン』ちくま文庫、一九九四年、一四四頁

《孵化過程》——〈モノ〉による都市への介入

やや話が前後するが、一九五四年（昭和二九）、磯崎は東京大学建築学科丹下健三研究室で卒論を書き、その後、大学院時代も丹下研に残って設計活動に従事した。当時の丹下研は都市のリサーチと建築の設計を両立させる希有な組織で、リサーチと設計を結び付けるキーワードとして「都市のコア」と「建築のコア」が

挙げられる。
戦前戦後を通じて日本の都市計画関係者は都心への人口集中を抑制し、「生活圏」という名のもとに近郊都市への分散的な人口配置を目指していた。しかし終戦直後から、丹下健三は国民所得の増大のためには都心への人口集中を受け入れざるをえないと主張する。そして都心を目がけた人口集中によって「都市のコア」が形成され、そこに生じる過密などの諸矛盾を「建築のコア」により解決する方法を模索していた。ここで言う「建築のコア」とは耐震壁を外壁ではなく建物重心付近に集め、EV、階段、配管類を耐震壁の中に収めることを意味した。ついで「建築のコア」の周囲に床を張り、一階部分をピロティとし、市民に開放した。すなわち、都市の周縁から集まってくる勤労者の流れをEVと階段によって垂直方向に吸い上げ、「都市のコア」における人口過密の解消を図ろうとした。こうした手法を駆使して建てられたのが《東京都旧庁舎》であり、《香川県庁舎》であった。

丹下研ではこうした設計を裏打ちするために、都心に集中する人口の規模や移動手段の特性を統計学と数式を用いて把握しようと心がけていた。この頃、磯崎は「変化する都市を観察することは、アカデミックでもやれるだろう。だが、その変化の過程に、計画者、デザイナーとして、主体的に介入するにはどうすればよいのか」[67]模索していた。

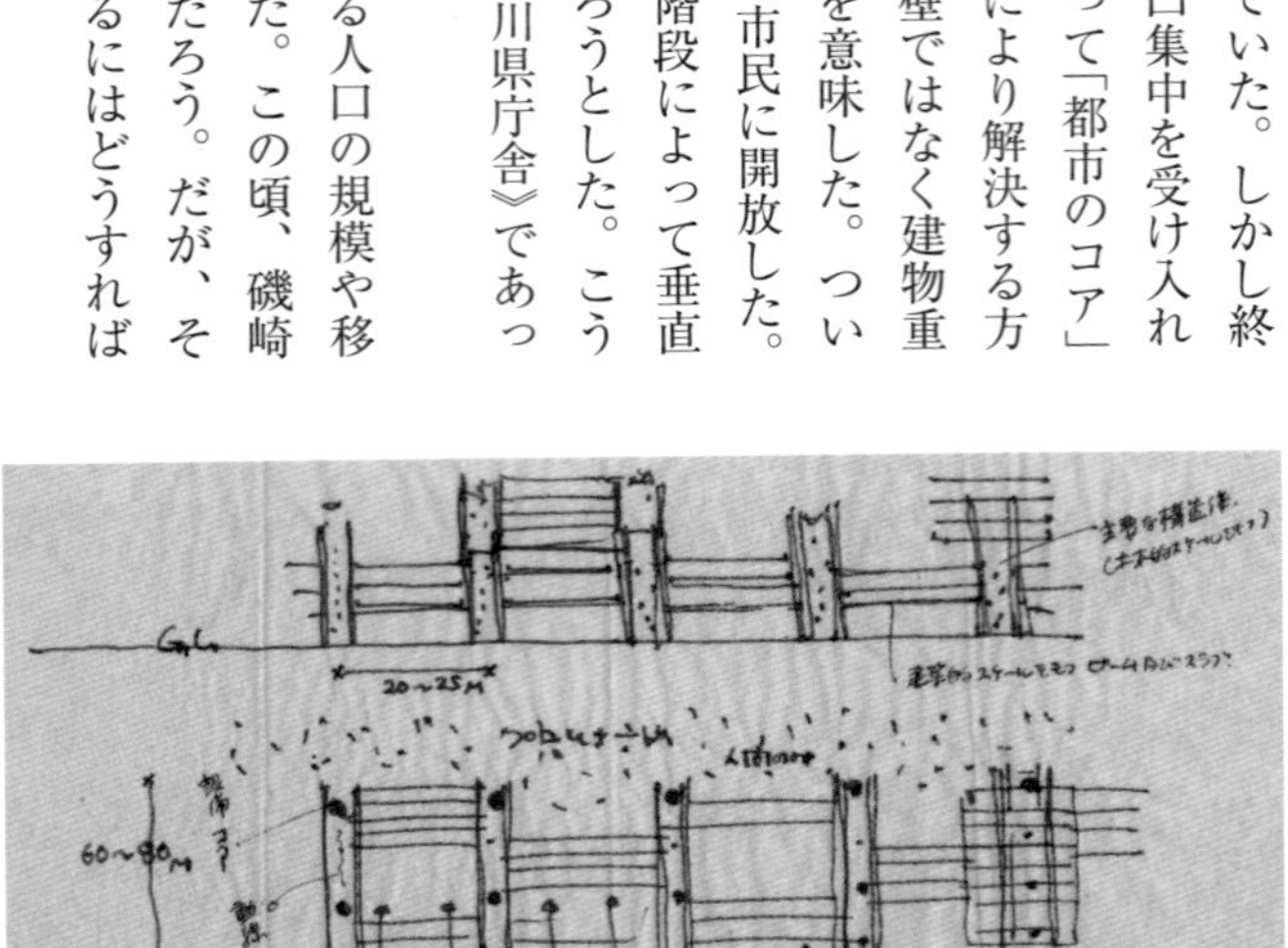

［図9］丹下宛ての書簡に描かれた《静岡再開発計画》一九五九年一二月一一日　提供：内田道子アーカイブ

磯崎による都市への主体的な介入として挙げられるのが《孵化過程》であり、その原点として丹下研と高山英華研究室が合同で行った《静岡再開発計画》が位置付けられる[図9]。この構想は、再開発で買収できた飛び地状の土地に一本ずつ剥き出しの「建築のコア」(巨柱)を据え、買収できなかった土地の上空に梁状の床を必要に応じて渡していくものであった。今日の目から見れば空中権に抵触するが、当時の建築基準法では建物高さは三一メートルに制限されていた。つまり高さ三一メートル以下の空間は地権者の意向次第でいかようにも変化しうるフェノメナルな状況だったが、テクノロジーを駆使して三一メートル以上のタブラ・ラサに主体的に介入する戦術であった。磯崎は丹下による「建築のコア」を相対化すべく、自らの手法を「ジョイントコア」と命名している。

また、磯崎は《静岡再開発計画》を説明するにあたって、「段階計画に耐えること、平面的・立面的な Extension が可能であり、しかもその段階での建築的表現を完成させてみることが出来る」[68]ことを目指している。つまり、地権者や行政、経済状況といった様々な要因で変更や停止を余儀なくされる再開発が、どの段階で「切断」されても見栄えすることを期待していた。ここに磯崎の「プロセスプランニング論」の萌芽を見出すのは容易であるが、丹下の弁証法的思考と距離を取り、眼前に広がる諸課題をできるかぎり丁寧に読み解き、ぎりぎりまで結論を先送りする tentative(暫定的)な思考の特性も見て取れる。この手法は後

67 磯崎新インタビュー「『空間へ』、《お祭り広場》、『日本の都市空間』一九六〇年代における都市論の方法をめぐって」『10+1』No.45、二〇〇六年、一九四頁

68 丹下健三宛書簡、内田道子アーカイブ所蔵、一九五九年一二月一一日

の《淀橋浄水場跡地計画》(一九六〇)、《東京計画一九六〇》、《プジョー計画(サンパウロコンペ)》(一九六一)、《空中都市》(一九六二)、《孵化過程》(一九六二)、《丸の内計画》に多様にバージョンアップされてゆく。

これらの中で特異なのが《プジョー計画》と《孵化過程》であった。前者は丹下・URTECの同僚である長島正充、岡村幸一郎と共同設計となっている。岡村は磯崎の後輩で、その後に《山梨文化会館》(一九六八)をまとめあげたが、ジョイントコアのコンセプトをURTECの作品として見事に昇華させた。後者は都市計画に対する警句であったが、古代ギリシアの廃墟の柱上に未来的な「ジョイントコア」を接ぎ木し、足下に高速道路がコラージュされた図とともに提示された[図10]。全く異なる二つのコンテクストを強引に接合し、予測不能な何かを生み出そうとする磯崎の実験精神は今日に至るまで首尾一貫しており、予定調和でバラ色の未来像とは全く異なるヴィジョンであった。

「ジョイントコア」は垂直方向へのコアの展開であったが、水平方向に展開したのが《大分医師会館》(一九六〇)であった。戦後間もない頃、日本は資源が乏しく鉄を使えなかったことから丹下研ではRCの可能性を模索していた。たとえば丹下研では《広島平和記念公園本館》のようなリニアなラーメン構造と同時にシェルをいかに応用するかを設計上の課題とし、《広島子供の家》(朝顔シェル)、《愛媛県民館》(球殻シェル)、《駿府会館》(HPシェル)、《今治市庁舎・公会堂》

[図10]《孵化過程》 提供:磯崎新アトリエ

（折板構造）、《戸塚カントリークラブ》（シリンダーシェル）などの実作があった。磯崎はこの流れを汲みつつ、屋根と床をともにシェルとして水平方向に伸びるコアを表現し、敷地際で水平コアを「切断」している。ここに六〇年代後半からの一連のヴォールト（巨殻）作品の始まりを見て取れる。なお、《大分医師会館》の構造設計を担当したのが坪井善勝研究室（東京大学生産技術研究所）に所属した川口衞であった。

《お祭り広場》cybernetic environment――〈コト〉による都市への介入

一九六〇年（昭和三五）三月、丹下はアメリカでのＭＩＴ客員教授を終え、ジョージ・ケペシュやケヴィン・リンチの視覚情報論を持ち帰っている。丹下研では院生らがリンチの翻訳に取り組み、その成果を日本の都市にも応用する運びとなった。この研究を司ったのが磯崎、川上秀光、伊藤ていじであり、「日本の都市空間」（『建築文化』一九六三年一二月）として発表された。

この「日本の都市空間」について、磯崎は「日本的な都市パターンの整理などは、ユダヤ・キリスト教的な西欧の近代的思考の視点から、異質性、固有性のあるものとして選び出そうとしていました。おそらくあの仕事がいまだに参照されるのは、その後のデザインサーヴェイが、単なるニュートラルな記録でしかなくなったために、逆に浮かび上がってくる」[69]と当時を振り返る。

一九六五年に入ると、丹下研では《大阪万博会場計画》に取りかかる。磯崎は丹下の側近としてこの会場計画立案に参画し、その中心施設である《お祭り広場》の演出案を練っていた。この広場については、既往研究では cybernetic environment というコンセプトのもと、invisible monument を実現すべく、「空間から環境へ」展メンバーによって多様な試みがなされた、と整理されてきた。

しかし、その報告書[70]を紐解くと、高さ三〇メートルの巨大ロボットによるコスプレやコンピュータ制御システム、可動式大屋根に目がいくが、それ以上に「日本の都市空間」の成果が反映されている点に驚かされる。たとえば、祇園祭り、阿波踊り、池上本門寺御会式祭、多摩川花火大会における何万人もの群衆分布図を地図上にプロットし、各々の界隈性を把握して、《お祭り広場》にオーバーレイしている。この解析は、「新宿西口を覆い尽くした全共闘の群衆をいかに管理するか」という問いに通底しており、熱気に沸き立つ群衆にどのような流れを与え、その場を統御するかが万博会場でも喫緊の課題となっていた。

今日であればコンピュータによるシミュレーションも可能であろうが、磯崎は日本古来の祭りに渦巻く群衆流に着目していた。報告書の中で《お祭り広場》について、「ひとつの祭のその状況は、祭りが終わった時に消滅させることが可能な空間であること」[71]を求めている。丹下は一九五〇年代に日本の伝統を弥生

69 前掲書67、一九三頁

70 日本万国博イヴェント調査委員会『お祭り広場を中心とした外部空間における水、音、光などを利用した総合的演出機構の研究』私家版、一九六七年五月一七日

71 前掲書70、六四頁

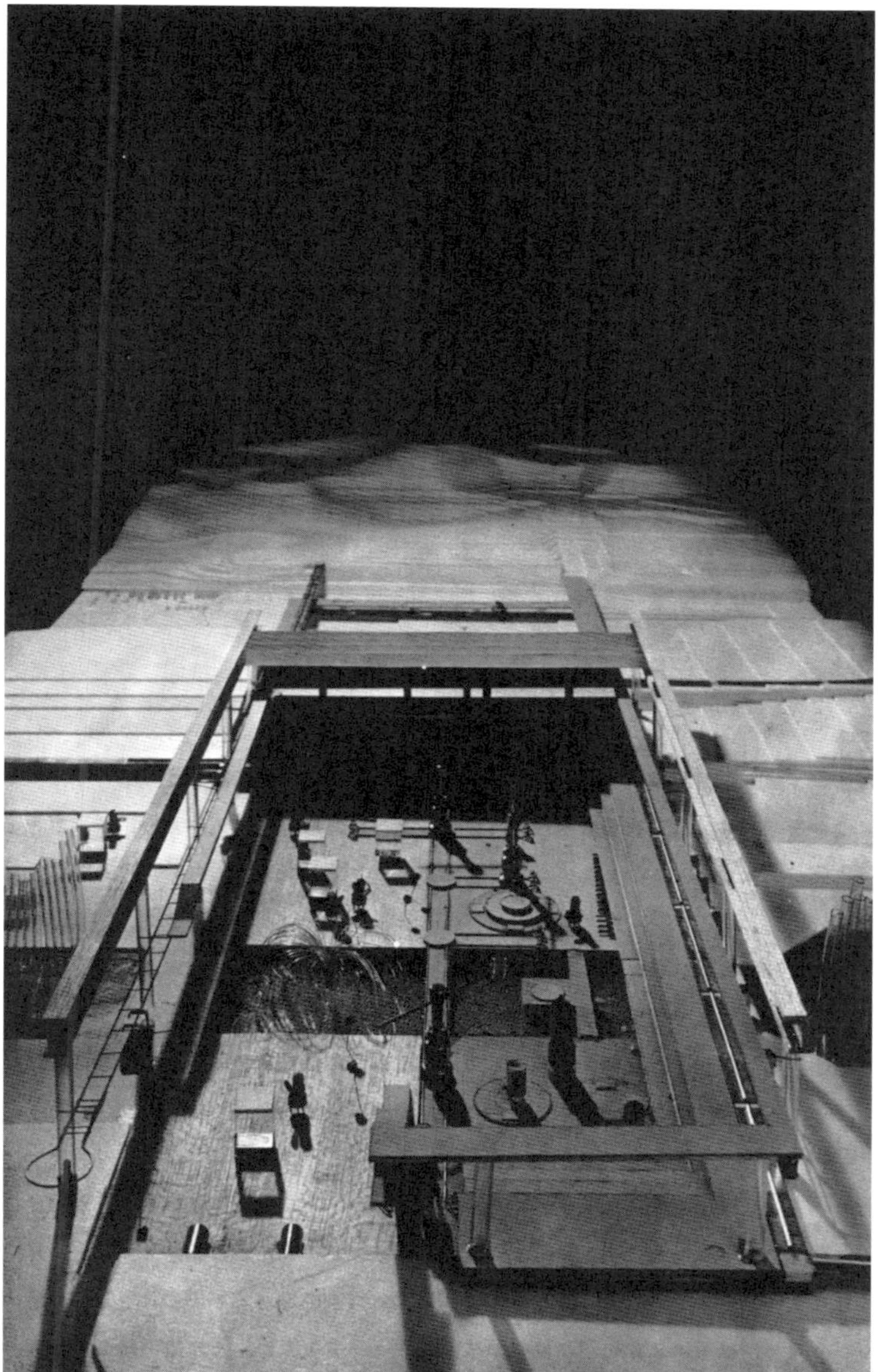

［図 11］《お祭り広場》模型写真

と縄文の弁証法に求め、具体的な〈モノ〉の制作を通じて近代の超克を図ったが、磯崎は六〇年代半ばにおいて最も近代的な《お祭り広場》に最も伝統的な都市の界隈性を強引に接続させ、明滅する出来事としての〈コト〉の演出に注力したと言えよう。

こうした〈コト〉の演出は、海外の展示会場において過激にスピンオフしていった。一九六八年五月三〇日、第一四回ミラノ・トリエンナーレの開会式が予定されていたが、パリに端を発する学生運動の流れを受け、開会と同時に学生たちに占拠された。磯崎はここに「エレクトリックラビリンス」と題する展示を行ったが、具体的には「再び廃墟となったヒロシマ」を大きく投影し、一六枚の湾曲した鏡面回転パネルが来場者の動きに応答する環境をつくりあげようとした。この展示技術は先に触れた「空間から環境へ」展や《お祭り広場》報告書の延長線上にあることは明らかだが、未来的な《お祭り広場》とは対照的な地獄絵であり、万博を相対化する鋭い視点を確認できる。また《お祭り広場》にもトリエンナーレ会場にも群衆が殺到したのは奇妙な符合であったが、前者においては群衆の流れは完全に制御され、後者においては群衆によって会場が破壊された。

その後、cybernetic environment の発想はニューヨークの《パラディアム》(一九八五)で再び姿を現し、時代状況を反映した invisible architecture として「夢の中で、次々無関係な光景が立ち現れるように空間の節目をつくり上げる」[72]

72　磯崎新『イメージゲーム』鹿島出版会、一九九〇年、二七五頁

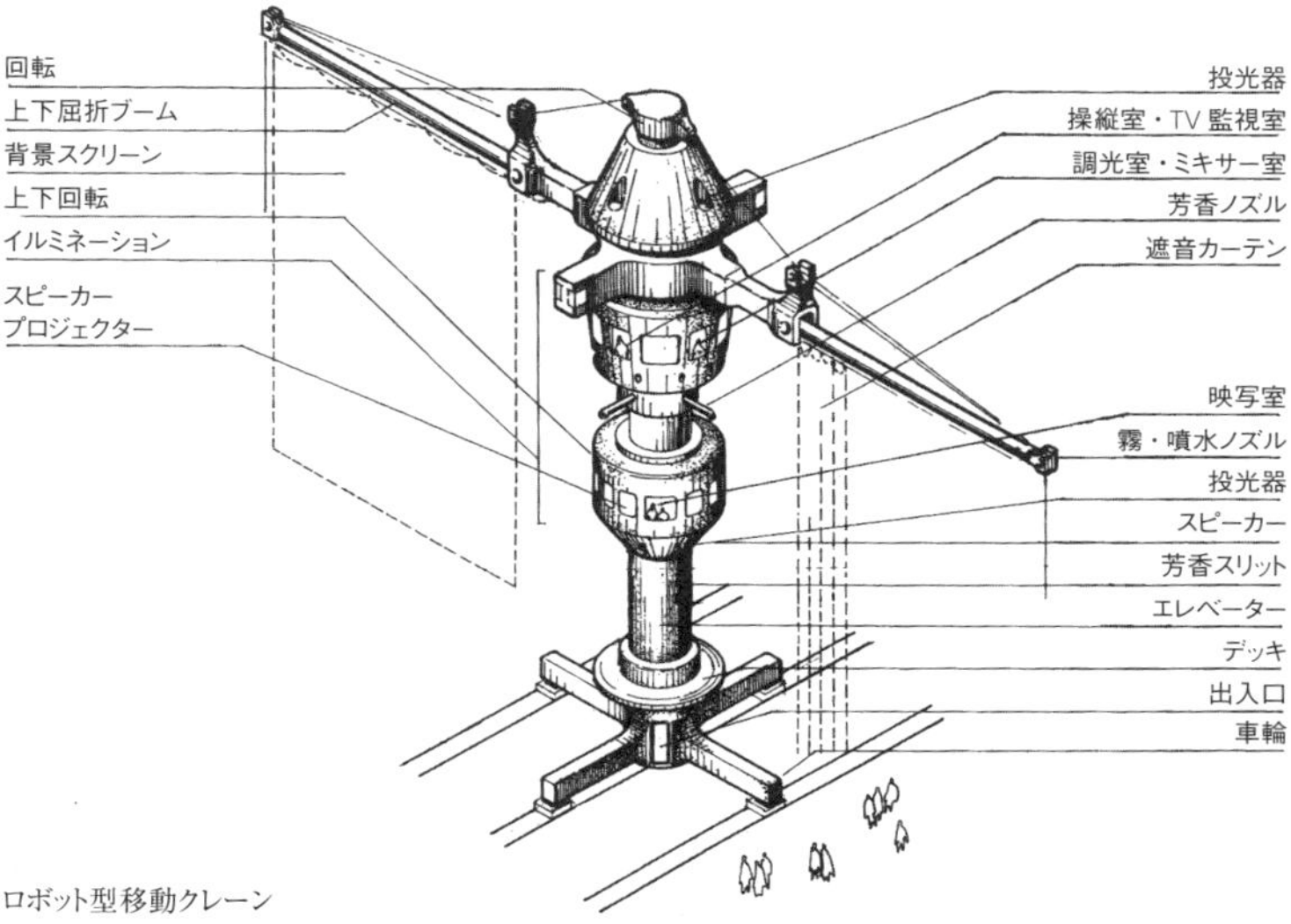

ロボット型移動クレーン

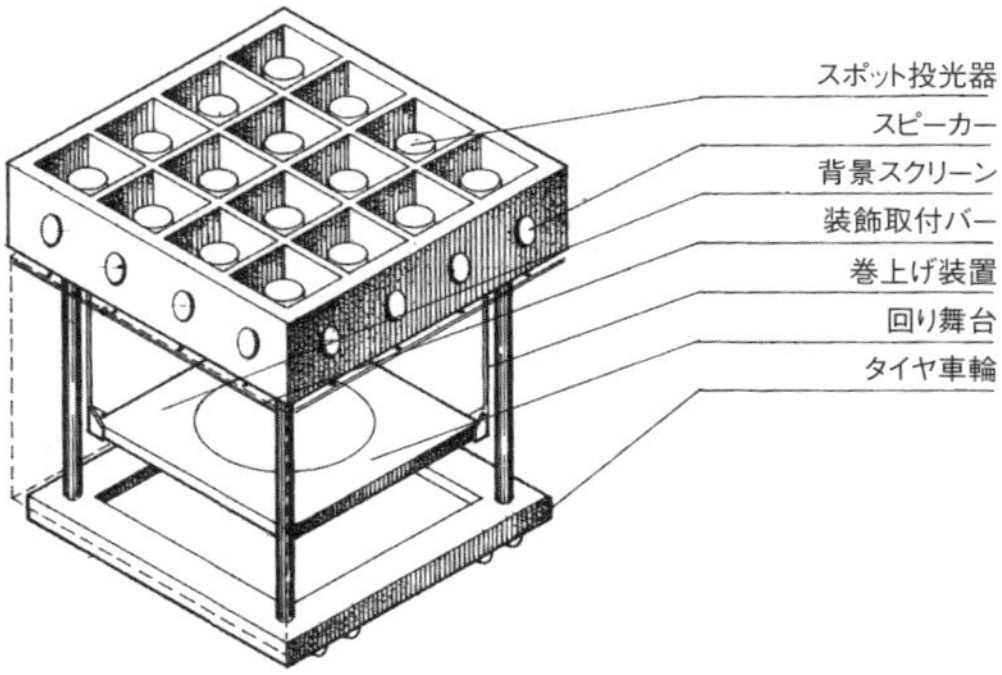

屋台

［図 12］《お祭り広場》装置のアクソメ図

ことに成功した。

《群馬県立美術館》と《つくばセンタービル》——〈コト〉を支えるフレームの所在

万博以後、磯崎が取り組んだ代表作としてキューブ（巨大格子）を並べ積んだ《群馬県立美術館》[図13]が挙げられる。先に《新宿ホワイトハウス》に触れた通り、磯崎はプラトン立体の一つであるキューブに関心をもっていたことが伺えるが、丹下を乗り越える有力な手法としてキューブを用いた。当時、丹下研の掟であった丹下モデュロール（コルビュジエのモデュロールを畳サイズに読み替えた二組のフィボナッチ数列）と、そこから生み出される美しいプロポーションから抜け出すためであったと考えられる。磯崎はキューブを採用することで、平面と立面が連動する「がらんとした」[73]デザイン手法を確立し、丹下研からの離脱に腐心した。一方で、批評家宮川淳は磯崎の設計した建築が鯨のようであり、そこを訪れる者を旧約聖書で鯨に飲まれるヨナに喩えている。そしてインヴィジブル・シティとか虚体とかいう磯崎の発想もこのような巨大なスケールに対する感覚に根付いていると推察している。宮川は無限大に拡張できる「がらんとした」群馬の空洞と《お祭り広場》以来の「インヴィジブル」な発想の連続性を端的に指摘

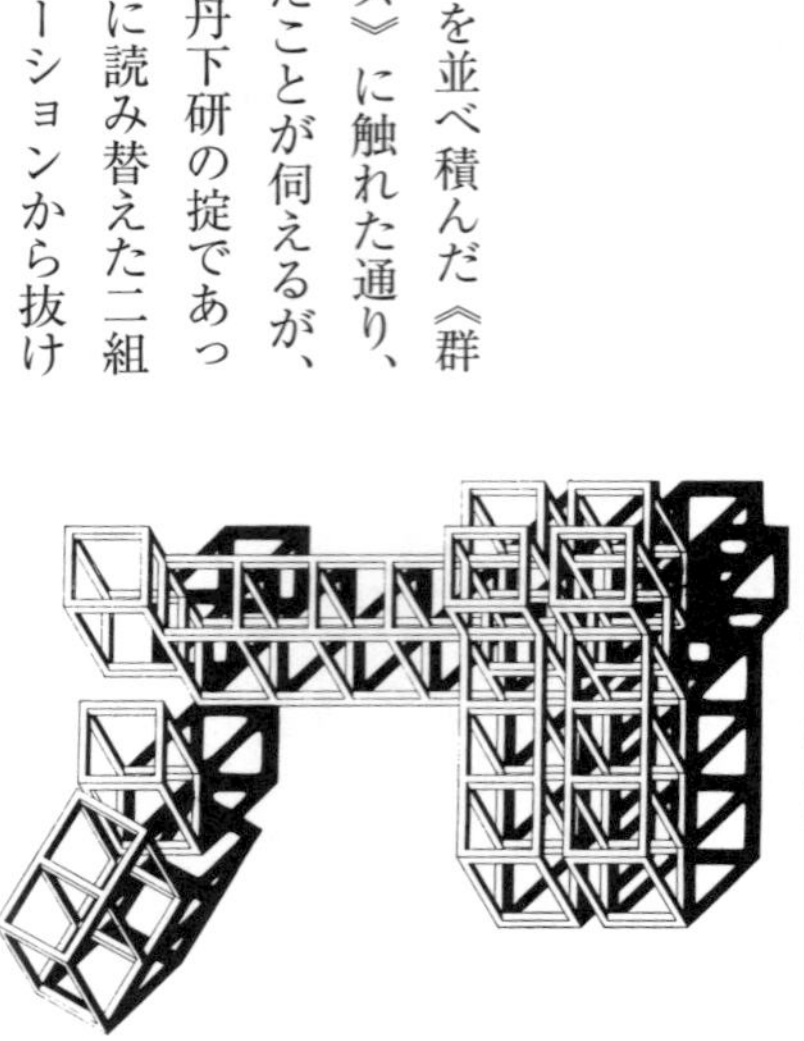

[図13]《群馬県立美術館》のコンセプト図　提供：磯崎新アトリエ

73　磯崎新「戦後モダニズム建築の軌跡：丹下健三とその時代」『磯崎新の思考力：建築家はどこに立っているのか』王国社、二〇〇五年、七四頁

している。

磯崎は群馬での手法を《つくばセンタービル》〔図14〕でさらに加速させ、キューブを積み重ねながら日本に無縁な西洋建築のデザインモチーフをdisjunctiveに表層にちりばめた。言い換えれば、磯崎はキューブ上で西洋建築様式の自律性をほどき、まるで六面が揃ったルービックキューブを巧みに崩して、意外な色の取り合わせを楽しむような、高度なアナグラム（文字の並べ替え遊び）を実践した。

こうした手法を採用した理由について、磯崎は堀口捨己と丹下を取り上げ、前者が草庵茶席に起源する数寄屋を近代建築の新即物主義に対置し、その研究の中から「様式なき様式」というアイロニカルな様式論を抽出したのに対し、後者は柱梁の構成に着目し、それを具体的に鉄やコンクリートの構成美に高めた、と要約する。そして自らは抽象化の徹底によって切り落とされた建築様式が「必要（構成文脈）に応じていつでも接近し、再集合が可能である」〔74〕と啖呵を切っている。古今東西の様々な建築様式に対して等価な距離をもとうとする超越的な姿勢は、ニヒリズムであると同時にデビュー当時の堀口による「分離派」解釈に酷似している。つまり、磯崎は丹下の到達した柱梁による日本近代建築の美しい比例関係を堀口の初心にまで遡る仕草で転倒させ、同時に堀口の弟子である大江宏の「様式併存の方法」さえ相対化せんとしたと考えられる。

74　磯崎新「磯崎新からの応答3」『建築文化』一九八三年一一月、一三七頁

〔図14〕《つくばセンタービル》のドローイング

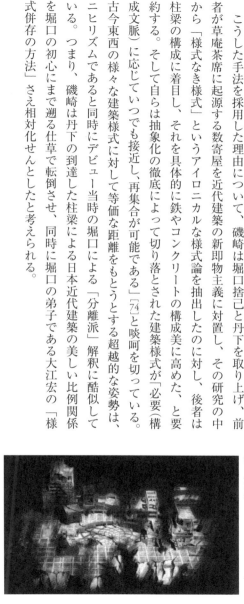

「間」展 Japanness――〈コト〉による日本文化の解体

《つくばセンタービル》とやや前後するが、一九七八年(昭和五三)秋、磯崎は武満徹とともに「パリ秋芸術祭」において「間」展を立案、実行した[図15]。「間」を主題に採用したのは「日本の芸術を理解するときのキーワードの一つ」であり、音楽、絵画、庭園という「時間と空間にそれぞれ関わる表現形式をもつ芸術が、共通の間という一つの言葉によって説明」できるためであった[75]。

この展覧会では「ウツロイ」「ハシ」「ヒモロギ」「ウツシミ」「ミチユキ」など九つのキーワードから構成されるが、たとえば「ミチユキ」のエリアでは、広重の「東海道五十三次」、歌舞伎の心中道行、そして茶庭の飛び石が併置されている。磯崎は日本において、浮世絵と歌舞伎と作庭術という諸領域の混淆はもってのほかであることを重々理解しつつ、パリではそれを押し切っている。と言うのも、一般に西欧における日本文化の紹介は日本文化の特殊性と神秘性のみを強調しすぎて、西欧人に理解されることを無意識に拒絶する傾向がある。磯崎はこれに抗い「あらゆる表現領域を横断しながら言語化する」[76]ことで日本をバラバラにし、西欧のもっているロジックで日本を翻訳しようと試みたのである。つまり、西欧の美術館のホワイトキューブ(ルービックキューブ)の中で、歌舞伎や浮世絵といった日本的な諸領域の自律性(各色に揃った面)を崩し、九つのキーワードに

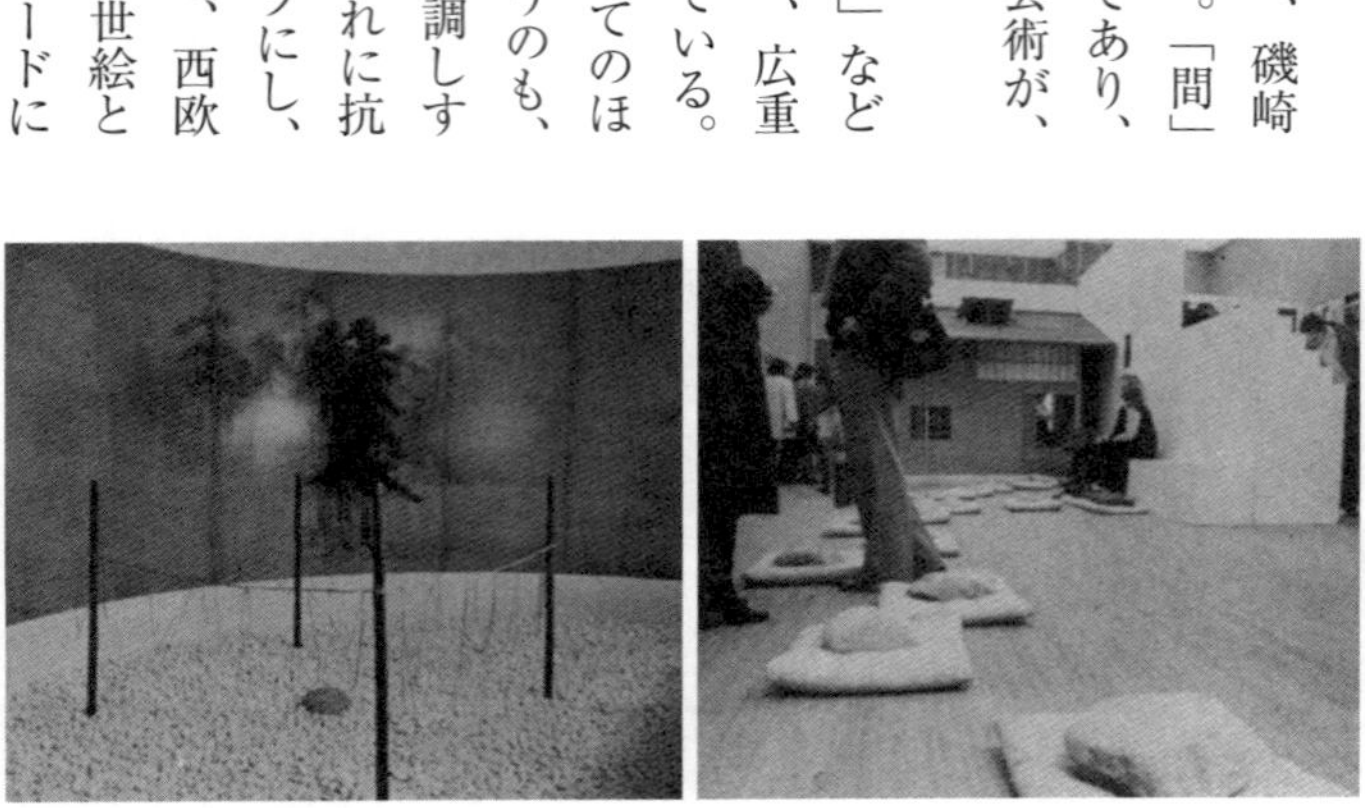

[図15]「間」展、「ミチユキ」(右)、「ヒモロギ」(左)

相応しく並べ替わるまで disjunctive に縦横に回転させるアナグラム、もしくはクロスワードパズルであったと言えよう。

《つくばセンタービル》と「間」展の特質を《お祭り広場》の特質と比較すると、万博会期中に《お祭り広場》において七三回実施されたナショナル・デーが参考になる。このナショナル・デーとは万博に参加した国々が自国の歌や踊りを披露する場であり、たとえば一日はアルジェリア、三日はウガンダ、五日はニカラグア、八日はサウジアラビア、一〇日はトルコといった具合に、様々な文化的コンテクストが脈略もなく流れ込んでは消えていった。一方、《つくば》ではおよそ西洋と無関係な北関東の僻地にキューブを据えて西洋建築様式を一見乱暴に(実は繊細に)配列し直し、「間」展でも西欧の美術館のホワイトキューブに日本の諸芸術の諸要素を一見無造作に(実は用意周到に)交雑させた。

つまり、《つくばセンタービル》と「間」展は《お祭り広場》ナショナル・デーの反復、反転であり、《お祭り広場》の目的が異文化交流だったとすれば、《つくばセンタービル》と「間」展はラディカルに異文化交雑を仕掛け、それを露出する試みであった。さらに《お祭り広場》も《つくばセンタービル》のキューブ(空のフレーム)も融通無碍なユニバーサルスペースではなく、異文化の交雑を呼び込む空洞であり、その空洞に輪郭を与えることこそ磯崎の関心事であった。

75 磯崎新「ちょっとばかりジャパネスク」『建築文化』一九八一年一二月、一〇七頁
76 磯崎新「古典主義とポストモダニズム:「間」展から〈つくば〉へ」磯崎・多木浩二『世紀末の思想と建築』岩波書店、二〇一一年、一一六頁

東京都庁丹下案と磯崎案——新宿を舞台とした〈モノ〉と〈コト〉の対決

ジョイントコアが《静岡再開発》の検討過程で孵化し、後に《山梨文化会館》で現実の建築として世に現れたことはすでに触れたが、磯崎が《群馬県立美術館》や《つくばセンタービル》に取り組んだ頃、丹下は世界各地でジョイントコアによる三次元都市の実現に執念を燃やした。

丹下による一連の三次元都市のポイントは二点あり、第一に表層の処理が挙げられる。たとえば《ナイジェリア新首都アブジャ計画》（一九七九－）において、丹下は施主から「地元のデザインを立面に採用してほしい」と要求され、「ナイジェリア特有の伝統的な紋様やパターンをも十分に取入れるよう苦心した」[77]と述懐している。第二に海外での開発規模が爆発的に拡大し、竣工後の拡張計画をも求められるようになっていた。このため莫大な要求延べ床面積を効率的に消化し、かつリニアに延長可能な形式として未来的な三次元都市を選び、さらに敷地のコンテクスト（お国柄）を踏まえて、施主（権力者）が頷く伝統的なデザインを表層に流し込むことはごく普通の成り行きであった。

一九八六年（昭和六一）春、《東京都新庁舎》コンペの応募が締切られたが、丹下は尖塔の捩じれた二本のコアとその間に大梁を架け渡す超高層案を提出している。延べ床面積三七万二〇〇〇平方メートルは容易に消化できる規模ではな

77　丹下健三「ナイジェリア新首都計画」『一本の鉛筆から』日本経済新聞社、一九八〇年、一六一頁

かったが、海外で反復したジョイントコアによる三次元都市を垂直方向に延長し、東京的なものとして江戸格子とICチップを表層に張り付けることは、丹下らにとって素直な選択であったと推測される。

これに対して、磯崎は《群馬》や《つくば》で用いてきたキューブの積み上げを基本としながら、球やピラミッドといったプラトン立体を組み合わせた中層案を提出する[図16]。この案で磯崎は都庁内部に巨大ながらんどうである都民広場を設定したが、これについて磯崎は丹下研が《広島平和記念公園》や《東京都旧庁舎》で試みた「都市のコア」論の焼き直しであった、と述懐している。

ここで強調したいのは、丹下案が権力に従順なポストモダニズムか否かではなく、都庁コンペの本質問題とは丹下案のジョイントコアと磯崎案のキューブが実は同根であったということである。ジョイントコアとその起源である「建築のコア」は〈モノ〉としての建築（たとえば《東京都旧庁舎》）の製作に関わる重要な手法であった。一方のキューブ（何もないがらんどう）はすでに指摘した通り《お祭り広場》をモデルにした手法であり、明滅する出来事としての〈コト〉をいかにフォーカスするかが問題であった。そして何より、ジョイントコアとキューブは磯崎が丹下研の仲間に囲まれながら丹下とのコミュニケーションの過程で生まれてきた手法である、と言うことに尽きる。

都庁コンペの後、磯崎は建物に要求される複雑なプログラムに輪郭を与える方

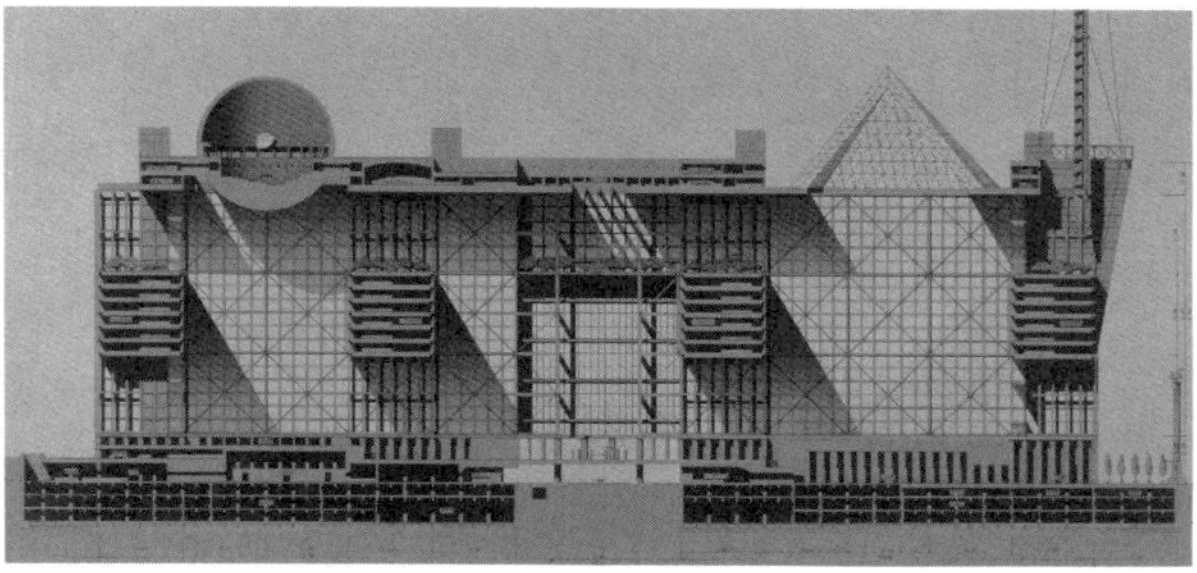

[図16] 磯崎新設計の「幻の都庁案」
提供：磯崎新アトリエ

法として、キューブに代わってシェル（巨壁）を用い始める。一九九二年四月、磯崎は《奈良市民ホール》（《なら一〇〇年館》）のコンペに勝利するが、楕円形の平面とクロソイド曲線に沿って内側に傾斜する断面をもつ壮大な案を提示している。この案の作成に協力したのが構造家川口衞であり、実現にあたっては川口によるパンタドーム工法（リフトアップシステム）によるところが大きい。

その後も磯崎はスペインの《ラ・コルーニャ人間科学館》（一九九三－一九九五）において、同様の手法を用い、巨大なシェルと屏風状の折面壁を対峙させる。この二つの面は相互に整合せず、両面にはさまれて成立する。「内部空間は、胎児が発生していく際の形態の異様さと似てもいるだろうが、ここには、成長した人体の姿はまだ見えない。むしろ多様に成長していく可能性が秘められている。仮面はそのような多様な可能性から任意に選択されたひとつの切断面である。そしてこれを外郭に用いることによって、この建築的身体は二つの仮面に挟まれて、アクシデンタルに生成される」[78]と説明している。

「プロメテオ」秋吉台での上演――「しま」の導入による均質空間の解体

ここまでの磯崎の反近代的な動向を簡単に振り返れば、《お祭り広場》において従来のモニュメントに代わりインヴィジブル・モニュメントを提示し、《群馬》

78　磯崎新「デミウルゴモルフィズムの輪郭」『ビルディングの終わり、アーキテクチュアの始まり』鹿島出版会、二〇一〇年、一〇八頁では美術展示空間をキューブ（空洞）として扱うことで原点回帰させ、《つくば》では日本の建築様式の不在をディスジャンクティブに提示し、「間」展では異国の地でひらがなに宿る言霊を操ることで日本の古典文化を解体、再編して見せた。そして九〇年代に入り、「プロメテオ」上演に際し、磯崎は「しま（イゾーラ）」の概念を駆使して均質空間そのものへの異議申立てを行おうとする［図17］。

磯崎によれば、オペラという形式が発生した際、視覚、聴覚問わず舞台上で発生するすべての情報が唯一の観客である王に集約されるよう設計されたが、これが近代特有の均質空間の制度であるパノプティコンと酷似している、と指摘している。またオペラは総合芸術と呼ばれるように、演目（物語）のために美術、音楽、演劇がすべて動員され統合されてきたが、「プロメテオ」の舞台装置の設計にあたってはそれらを解体し、分散させ、容易に全体を一望できる客席を設けない戦略が取られた。つまり「見る見られる」という単純明快な鑑賞空間の秩序を洗練させる代わりに、演者―観客、奏者―観客、指揮者―奏者の諸関係を曖昧にすることに徹し、従来のオペラの伝統を相対化しようとする。

一方でこうした脱近代的な戦略は、《つくば》や《群馬》で用いてきたプラトン立体と表面を覆う修辞的手法だけでは対応が困難となり、〈コト〉の大幅な制度更新、〈モノ〉の大幅な進化が求められた。つまり「プロメテオ」舞台設計は、磯崎が関与したそれまでのプロジェクト群に比して小さい規模であったが、九〇

［図17］「プロメテオ」上演時の客席配置　提供：磯崎新アトリエ

年代以後の「海市」や「流体構造」を生み出す大きな「事件」として位置付けられよう。

海市 Mirage City――〈コト〉による都市形成過程の抽象化

九〇年代に入って、「しま」の概念を拡張した磯崎は世界を覆うグローバリゼーションとインターネットの普及を「ツナミ」と看做し、都市を「ツナミ」に耐え変容を余儀なくされる「しま」、もしくはその集合である「群島(Archipelago)」として括ろうとしてきた。言い換えれば、情報化社会においてあらゆる場所から情報が発信され、あらゆる場所が都市の中心になりうるため、磯崎は「海市」において地政学を頼りに諸々の場所を「島」という任意の閉曲線で一纏めにしつつ、都市生活を支えるための支離滅裂な与条件をそのまま引き受け、コンピュータとアルゴリズムを用いて三次元化する戦略であった[図18]。

一方で、無数の不確定要素を抱え込むミラージュ・シティ「海市」は岡本太郎が一九五〇年代半ばに描いた東京湾上の「オバケ都市」を彷彿とさせる。そもそも岡本は「夢の島」に第二の東京をつくろうと息を巻き、磯崎は岡本のアシスタントとしてこの計画に参加した。当初、この計画は東京湾の埋立地を文化やレクリエーションのための施設にして、過密を緩和しようとするプロジェクトであっ

[図18]
上:磯崎新「海市」プラン都市ブロックを形成する道路パターンを反転させたもの(コンピュータグラフィック、一九九六)
下:同「海市島」ウェブサイト上で自動生成された道路パターン(コンピュータグラフィック、一九九七)

た。磯崎は「わけが分からぬまま資料や地図を持ち込んでざっと下書きをする。すると太郎さんが〝これは動物園だ〟などと言いながら、ゾウやシカの絵を描きだす。スケールもなにもあったものではなく、伝統的な都市計画のあり方に照らすとすべてが常識はずれだった」[79]と述懐している。磯崎はしばしば毛沢東の「矛盾論」と「実践論」に立ち返り自らのプロジェクトを組み立ててきたが、その原点の一つとして岡本のアシスタント経験が重要な役割を果たしたと考えられる。

79　磯崎新「私の履歴書10　都市計画」『日本経済新聞』二〇〇九年五月一一日

流体構造、アルゴリズミックとハイブリッド——構造解析手法と〈モノ〉の進化

これまでの磯崎による〈モノ〉による都市への介入は、ジョイントコア（巨柱）、ヴォールト（巨殻）、キューブ（巨大格子）、パンタドーム（巨壁）といった具合に進化してきたが、《フィレンツェ新駅》コンペ案においてついにアルゴリズミックな流体構造（巨樹）に到達する。この背景には大きく分けて二つの契機（漢字と構造解析手法の進化）が挙げられる。

前者について、磯崎は第八回ベネチア・ビエンナーレ（二〇〇二）のコミッショナーを務め、テーマを「漢字文化圏における建築言語の生成」とした。ここでは漢字文化圏に属する日本、中国、韓国、ベトナムという四つの国の建築家が選出され、多様な建築デザインや生活様式が展示によって紹介された。企画当初、国

際交流基金は日本の文化を紹介するための日本館に四つの国の展示をすることに難色を示したが、磯崎はその反対を押し切って実現にこぎ着けた。もともと漢字はアルファベットと異なり象形文字でありながら、部首や偏などを切り替えることで指数関数的に意味を増大させることができる。これは先の「間」展や《つくばセンタービル》で触れたルービックキューブやアナグラムと同形である。さらに、漢字が地方に分散するにあたって、読み方が変化し、あるいは「レ点」により漢字の読み順を強引に変更してきた。

　こうした経緯と並行して、仏教建築が中国から各地へ伝搬する際に様式やディテールが微細に変化し、各地のお国柄を表すこととなり、東アジアの建築文化の多様性が生じたと考えられる。つまり、漢字そのものは無尽蔵にイメージを生み出し続け、さらに漢文の体系を「てにをは」によって自在に読みこなすことは地域性の発露であったが、誤読の危険性をたえず孕む。磯崎はこれを「自動生成」のモデルとして参照し、漢字アルゴリズムとして建築的言語への応用を試みている。磯崎は《上海ヒマラヤアートセンター》(二〇一二)の解説に寄せて、「hybrid な design を達成するために、人間の勝手な作為を排除する2種類の algorithm」として漢字の構成原理とコンピュータの演算システムを用いたと言う。そして「東洋に古来伝わる叡智と近代の科学が生み出した最先端の技術」を組み合わせ、「文化が自生して展開していく時に見える自然の生成に近い方法」[80]を模索してい

80　磯崎新「上海の混沌・ヒマラヤのハイブリッド」『新建築』二〇一二年一月、七六頁

る。これは《お祭り広場》以来の伝統と技術の相克であった。

その一方でアルゴリズミックな構造の実現には、構造家佐々木陸朗の協力なしには成立しなかった。佐々木による一連の構造は近年、流体構造（FLUX STRUCTURE）と命名されているが、「自由曲面シェル」とも説明されてきた。これは、有限要素法を駆使してあらかじめ設定した初期条件を満たしつつ最適化を目指す造形技法である。しかし、これはシェルという言葉を使いながらも、坪井善勝や川口衞が実践してきたシェル理論と似て非なるもので、最適解として得られた解（湾曲する流体構造）に膜の効果は存在しない。そのため、数値解析により危険箇所を取り除き、現行法規に適合しているか否か、刺激的な造形であるか否かだけが問題となる。ここに建築構造解析の進化を見て取れると同時に、二一世紀における構造設計の手法の閉塞を見出せる［図19］。

環東シナ海オリンピック hyper village——海上事変《〈コト〉》の画策

二〇〇六年（平成一八）、磯崎はオリンピック開催地として東京ではなく福岡を支持し、その立案に携わった際に「海市島」のコンセプトを発展させた。磯崎は九州が「〈東アジアコモンハウス〉の東隅」であることを強調し、競技施設が博多湾を取り囲むように配置しながら、アスリートや取材陣を大型客船（イヴェン

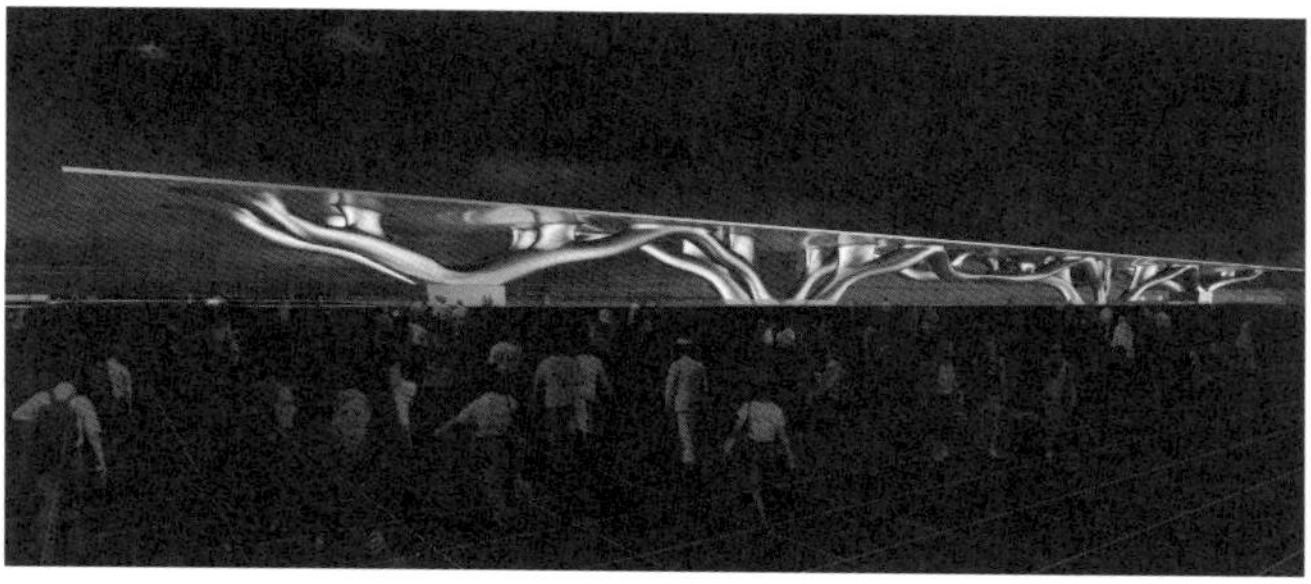

［図19］建築構造解析の進化の例《フィレンツェ新駅》コンペ案　提供：磯崎新アトリエ

ト・シップ）上に宿泊させる案を練った。これは本州も九州も東アジアの群島、もしくはhyper villageの一つであり、オリンピックのために福岡を訪れる人々も洋上で快適な生活を送り、必要に応じて群島にアクセスすることになる［図20］。結果として、国内予選において安藤忠雄を擁する東京案が採択されたものの、IOCの本選ではリオデジャネイロが開催地として選出された。

磯崎案の計画範囲を図面上で確認すると博多湾内で展開されるわけだが、タイトルに付された「環東シナ海」から磯崎の意図を斟酌すれば、このプロジェクトはまさに東シナ海の上で展開されるべき企画であった。ここで東シナ海を舞台とした国際イヴェント開催案の歴史的意義を考えれば、一九〇一年（明治三四）、東郷平八郎は舞鶴鎮守府に初代司令長官として赴任し、日露戦争（一九〇四－一九〇五）に勝利した。それからおよそ三〇年後、日本陸軍は中国北東部を軍事力により制圧し、傀儡政権である満州国を樹立させ、先住民を追い払うかたちで広大なタブラ・ラサを確保した。当時の日本政府は満蒙開拓を奨励し、日本国内の人口問題、資源問題、貧困問題を解決しようとした。また、多くの都市計画関係者は入植者のために未来的でモダンな都市計画を立案し、石原莞爾は「五族協和」を謳って国際社会に向かって人道主義をアピールした。一方の日本国内では、皇紀二六〇〇年を記念して東京オリンピックの開催が計画された。しかし敗戦後、日本は植民地を喪失し、タブラ・ラサとして残されたのが東京の空と東京の海の

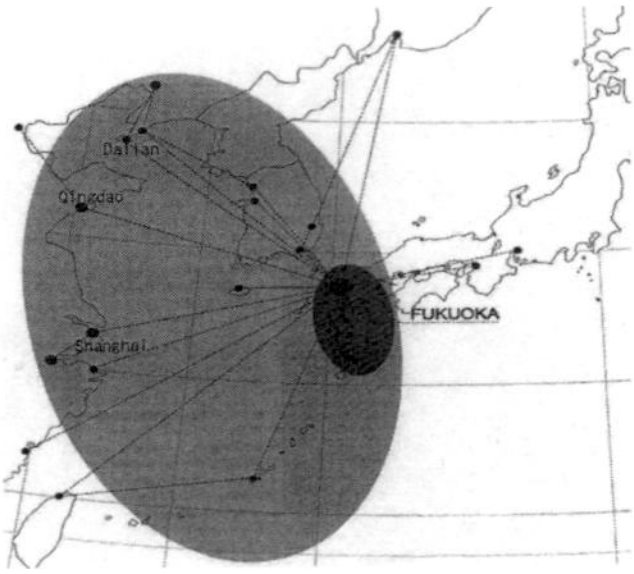

［図20］二一世紀型オリンピックのための博多湾モデル

上であった。ここは法規制によりアクセスを禁じられていたが、テクノロジーを駆使して新たな居住地（レーベンス・ラウム）を求めたのがメタボリズムの発端であった。そして丹下研による《東京計画一九六〇》は東京湾上に企図された六〇年代の hyper village そのものであった。

これに対して磯崎案は各国の船（アメリカ海軍、中国海軍、海上自衛隊などの各国艦船、空母、潜水艦、海上保安庁の巡視艇）が睨み合う東シナ海上に二一世紀的なオリンピック（コモンハウス）のあり方を投影しようと試みた。安藤のお台場案が環境を全面に押し出しながらも、実のところ東京の再開発という二〇世紀的な「計画」（planning）の範疇に留まったのに比して、磯崎案は物議を醸す事変《〈コト〉》を海上に画策することで二一世紀的な建築・都市・国家のあり方を問い、建築家の構想力を世界に向けて開示しようとしている。

「投企」＝〈コト〉と〈モノ〉の狭間を跳躍するデミウルゴス

磯崎が五〇年代末から最近まで世に問うた「投企」（project）について、〈モノ〉と〈コト〉による都市への介入という視点から順に解説してきたが、このまとめでは〈コト〉の系譜をメタボリズムから捉え直し、〈モノ〉の系譜をフォルマリズムから簡単に要約してみたい。

磯崎にとってのメタボリズムとは「計画」的な進歩概念とは異なり、何が生まれるか不明なものへの賭け、接ぎ木的な種の掛け合わせであり、胎児の劇的な変貌過程への注視であった。具体的には六〇年代初頭の《孵化過程》において古代ギリシアの廃墟に未来的なジョイントコアを接ぎ木し、六〇年代末の cybernetic environment では「日本の都市空間」の界隈性を未来的な《お祭り広場》にオーバーレイさせ、建築における〈コト〉の重要性を確認した。七〇年代には西欧の美術館のホワイトキューブの中に日本の諸芸術のエレメントを散種し、ルービックキューブのように組み替え、八〇年代初頭には北関東にキューブを組み上げて、西洋建築様式をアナグラムのように撹拌した。八〇年代半ばからは表層の賑わいは鳴りを潜め、建築内部に「胎児が発生していく際の形態の異様さ」を抱え込み、それを巨大なマスクで覆う tentative form を構想した。同時に「海市」では都市の複雑さを「島」で括りながら、複数の不確定要素を抱え込むことで「計画」概念を批判した。二〇〇〇年代に入ると、狭隘な日本論に閉じこもることなく、東アジアの漢字文化圏という視野を広げ、《福岡オリンピック案》により建築家の構想力と事変《コト》のインパクトを知らしめた。

また、フォルマリズムの視点から〈モノ〉の系譜を整理すれば、五〇年代の《新宿ホワイトハウス》のホワイトキューブを皮切りに、六〇年にはジョイントコア（巨柱）、七〇、八〇年代にはヴォールト（巨殻）とキューブ（巨大格子）、九〇年代にはシェルとパンタドームによるマスク（巨壁）、二〇〇〇年代には流体構造による自由曲面（巨樹）を採用することで、都市に介入し、また建築の自律性を担保する手法を確立した。

こうして振り返ると、磯崎の「投企」の軌跡は極めて多面的であり、その都度、状況と相手の変化に応じて手法を切り替えてきたことがわかる。見る者の立場によって赤にも青にも、右翼にも左翼にも、本物にも偽物にも見え、掴もうとしても叶わぬ憧憬の対象であり続けた。しかし、丹下研という位相から磯崎の「投企」を読み替えれば、五〇年代、磯崎は丹下研で設計に従事し、〈モノ〉による都市への介入を提案する傍ら、多くのアーティストによる事件《コト》の起こし方に刺激を受けていた。六〇年代に入ると岡本太郎や前衛的なアーティストとの協働の場に恵まれ、建築家としての〈コト〉を起こす方法を錬成した。七〇年代、芸術文化としての建築の可能性、そして丹下研の方法が秘めた可能性を最大限引き出した。八〇年代に《東京都新庁舎》コンペにおいて〈モノ〉と〈コト〉の対決に至ったのは運命と言うほかない。九〇年代以後、磯崎は活躍の場を世界に移し、「海市島」をはじめとして実験的で挑戦的な都市デザインに取り組み、《福岡オリンピック案》では本来的な国家のあり方を問うた。

磯崎の「投企」とは、芸術の諸分野を巻き込みながらも、〈コト〉と〈モノ〉の狭間をしなやかに跳躍するデミウルゴス（造物主）を指す。と同時に、丹下が口伝を通じて説いた〈建築の本義〉――本来的な建築・都市・国家像の構想とその可視化――を意外性に富む荒療治によって、正統に継承したのが磯崎であったと言えよう。

＊ この論考は、二〇一五年に岩波書店から出版された『磯崎新建築論集第8巻：制作の現場――プロジェクトの位相』のために準備されたものである。そもそもこのシリーズは二〇一一年末から企画されたものであり、磯崎氏から筆者が最終巻の編集を仰せつかり、二〇一三年末にこの論考をまとめている。しかし、ゲラのチェックが済んで出版直前となった段階で、磯崎氏の強い希望で全面的なやり直しとなり、この論考は日の目を見ないまま幻の原稿となった。本書が出版されるにあたり、磯崎氏に幻の原稿の掲載を相談したところご快諾いただいたため、収録できた次第である。

第四章　丹下シューレの批判的継承
——都市空間デザインに関するマニフェスト

私が彼方を見渡せたのだとしたら、それはひとえに巨人の肩の上に乗っていたからです。

アイザック・ニュートン

二〇〇七年春、学位論文「丹下健三研究室の理論と実践に関する建築学的研究」を東京大学に提出して博士号を取得して以来、一〇年近い月日が経った。その間、丹下健三や丹下の弟子たち（丹下シューレ）に関する本を何冊か上梓し、何度か展覧会のキュレーションを担当してきた。筆者にとって、丹下シューレの破天荒なアイデアの起源とその顛末を追う作業は、過去の出来事への客観的な評価であると同時に、近未来の都市をデザインするための不可欠な思考実験、机上訓練となった。

幸い、二〇一七年一月より千葉大学工学部都市環境システム学科に奉職することとなり、「都市空間デザイン」を担当することとなった。丹下と千葉大学の関係で言えば、丹下シューレの一人である大谷幸夫は、東大都市工学科を定年退職した後に千葉大学工学部建築学科で教鞭をとった。また、大谷の東大時代の教え子らが都市環境システム学科立ち上げに大きな役割を果たしたことを鑑みれば、千葉大学というフィールドは都市デザインを研究、実践する上で最適な環境の一つであった。西洋の比喩を用いれば、丹下シューレとは戦後日本を構想した巨人たちであるが、私はその肩の上に乗る小人にすぎない。しかし、小人の目に映る風景は、近未来の都市をデザインする際の重要なヒントになり得るのではないか、と思われる。また東洋の教えに習えば、被褐懐玉という言葉の通り、取り組むべきプロジェクトの規模がいかに卑小であっても、丹下シューレの経験知に秘められた可能性を引き伸ばすことが何よりも意義深い、と考える。

ここでは、丹下研究の傍らで取り組んできた三つの都市デザイン事例を取り上げる。これらは投資ファンドや気鋭のアーティストらが群がる瀟洒な都市デザインとは対極にある村おこしにすぎないかもしれない。しかしながら、敗戦直後、丹下はどこまでも続く東京の焼け野原を前にしても、都市と建築に可能性を見出そうとした。大東亜共栄圏の夢破れ、灰燼と化した帝都を見つめる青年都市建築家丹下の忸怩たる思いを想起すれば、現代を生きる我々が地方都市の実状に目を背け、損切りに走るには時期尚早と思われる。言い換えれば、二一世紀は市民主体の時代であって丹下はそぐわない[1]、という感情論は高名な市民派の建築家や批評家の皆様にお任せして、ここでは過去との対話から現代的な都市の課題を解決する糸口を見出したい。

事例その1――公共交通の再編を起点とした都市空間デザインと管理手法の提案

栃木県小山市は東京から約八〇キロメートル北北東に位置する工業都市で、人口

1　こうした批判の代表例として建築史家倉方俊輔による一連の発言が挙げられる。座談会：隈研吾＋倉方俊輔＋藤村龍至＋豊川斎赫「丹下健三の業績が発する現代へのメッセージ」槇文彦・神谷宏治編『丹下健三を語る』鹿島出版会、二〇一三年、一四六－一七五頁

約一六万人を擁する栃木県第二の都市である。小山市にはコマツ製作所、富士通、昭和電工といったグローバル企業の巨大工場や、電炉を用いて鉄筋やアングルを生産する鉄鋼メーカーが複数点在し、市の財政を支えている。しかし、その周辺の農地がランダムに宅地開発され続けたため、住宅と工場が入り混じる複雑な土地利用となっている。

小山市内の巨大工場の一つである東光高岳小山工場では発電所用の変圧器を製造し、自社工場とJR小山駅を結ぶ高岳引込線(総延長四・七キロメートル)を使って搬出している。ただし、変圧器の搬出のタイミングは不定期で、地元住民でさえ搬出風景に出くわすことは稀である。高岳引込線の用地および鉄軌道は東光高岳をはじめとする民間企業の所有であるが、利用回数が少ないこともあって、軌道脇には地域住民による自家農園として様々な植物、野菜が栽培されている。このため、高岳引込線にはチグハグな草花が虫食い状に生息し、決して美しい沿線光景とは言えないのが現状であり、小山市では高岳引込線の有効活用案としてLRTを導入した都市交通の再編を検討してきた。

こうした中で、二〇一三年度から小山市都市計画課と連携してLRT走行後の町づくりに関する構想作成に携わっている。年度ごとの取組みを整理すると、以下のようになる。

二〇一三年度、高岳引込線に面する八つの自治会長らと定期的に会合を開き、

ＬＲＴ導入への賛否と地域の抱える課題について討議した。そこでは、交通弱者と空き家の増大、東日本大震災以後の安心安全な居住地確保が重要課題であることがわかった。ここから、都市交通の再編と同時に、沿線地域の漠たる不安に応える町づくりの両立することが不可欠である、という認識に至った

二〇一四年度、ＬＲＴに関する二つのテーマに取り組んだ。一つは、ＬＲＴと町づくりを統合的に推進するキーワードとして、スマートコミュニティに着目し、工業都市である小山市と高岳引込線沿線でスマートコミュニティが導入できるか否か、調査研究を行った[2]。この目的は、他地域に比して小山市でどれほどの電力が消費されているかを計量すると同時に、巨大工場からの排熱を回収して地域住民に還元できるのかを検証し、ＬＲＴの導入に寄与するのかを確認することにあった。この結果、人口一六万人の小山市の一般家庭の年間電力消費（約三億キロワット時）に対して、巨大工場群では二・四倍の電力（約七億二〇〇〇万キロワット時）を消費し、特に工場群の昼間と夜間の消費電力がほぼ同等であることがわかった。

これにより、小山市全体としてはピークシフトによるスマート化が不要なほど、昼夜の電力消費のバランスが取れていることがわかった[図1]。また、巨大工場群の排熱から地域向けの熱源を取り出すには相応のイニシャルコストがかかるため、ＬＲＴの停留所設置時にセットで敷設するなどの工夫が必要であることもわ

2　豊川斎赫「小山市スマートコミュニティ・電力の面的融通モデル構築事業」二〇一四年一〇月－二〇一五年三月、共同研究者：ＮＴＴデータＣＳ、東光高岳、ＣＩＭＸ（交付機関：資源エネルギー庁）

かった。もう一つの取組みは、高岳引込線沿線の自治会長への個別ヒヤリングを行い、各自治体の抱える課題を丁寧に拾い上げた。ここで明らかになったのは、たった四・八キロメートルしかない高岳引込線と言えども、駅周辺部の自治会と末端の自治会では全く土地利用状態や抱える課題が異なり、自治会による近隣高齢者への健康ケア（老々ボランティア）の問題、担い手不足による耕作放棄地問題が顕在化した。

二〇一五年度、LRTが走行した場合に発生する諸問題と検討し、交通渋滞の発生予測（コンピュータ上のシミュレーション）を行うこととした[3]。プログラムを駆動させる際、大まかな交通情報を入力できたが、朝夕ラッシュ時のLRTの走行間隔、高岳引込線に出入り口が面する巨大工場から搬出入する車両台数など曖昧な点も多く、今後の課題が浮かび上がった。このシミュレーションと並行して、小山市まちづくり部会長[4]として有識者らとともに沿線の地域資源を活用する構想案を練った。ここでは、沿線周辺に点在する公共施設、医療関連施設、学校、商業施設、公園、スポーツ施設などが地図上にプロットされ、LRTといかにリンクされるのか、今後の沿線町づくりと公共交通のあり方が討議された[図2]。

二〇一六年度、小山市都市計画課と連携して、高岳引込線沿線自治会に所属する住民全世帯、沿線在住の小中学生、JR小山駅利用者へのLRTに関する利用

3　交通シミュレーションについて、長岡技術科学大学の佐野可寸志教授にご指導を仰いだ。

4　正式役職名は「小山市まちづくりと新交通の導入に関する検討委員会副委員長、同委員会まちづくり（土地利用等検討）部会長」となる。

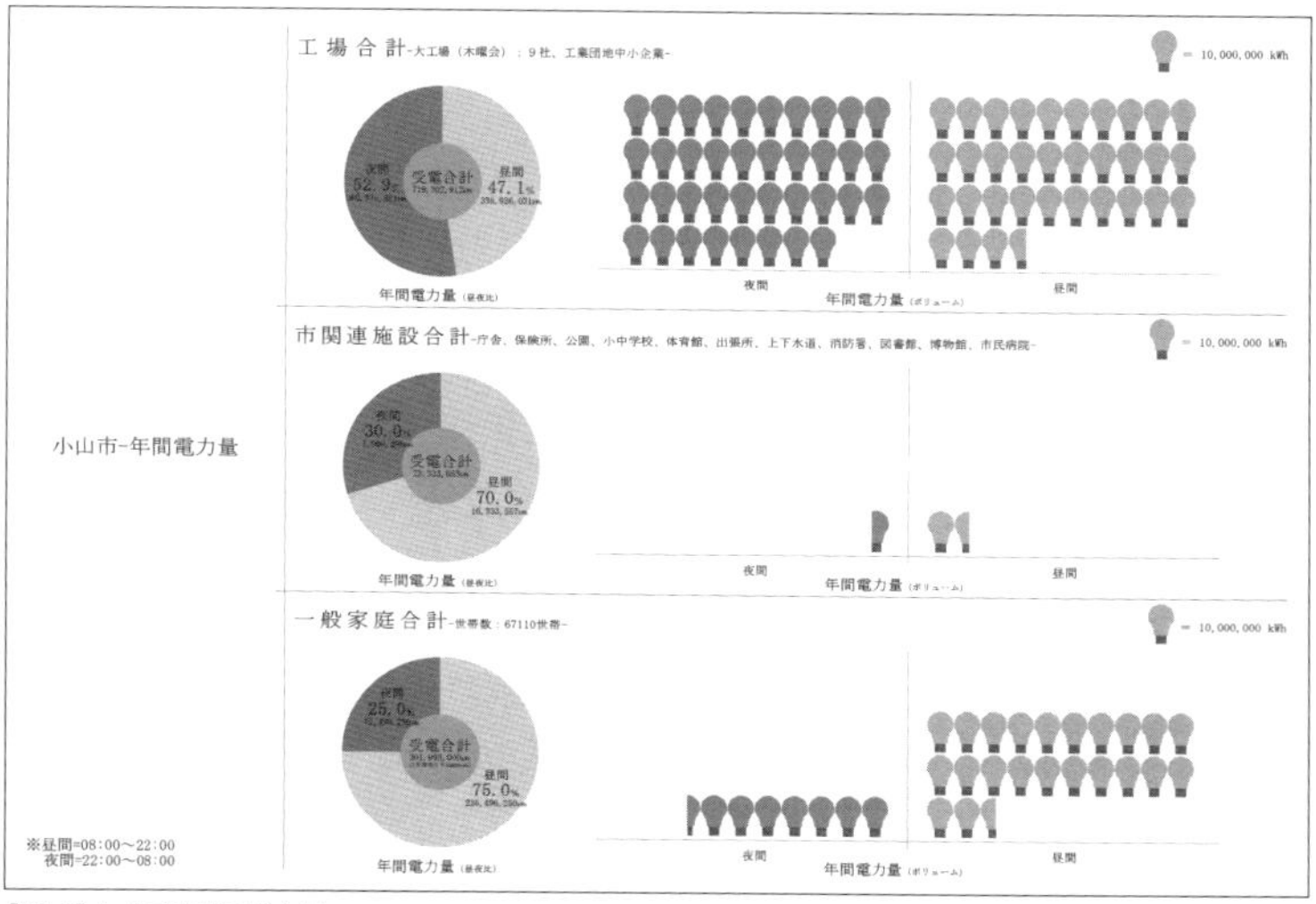

[図 1]小山市年間電力量

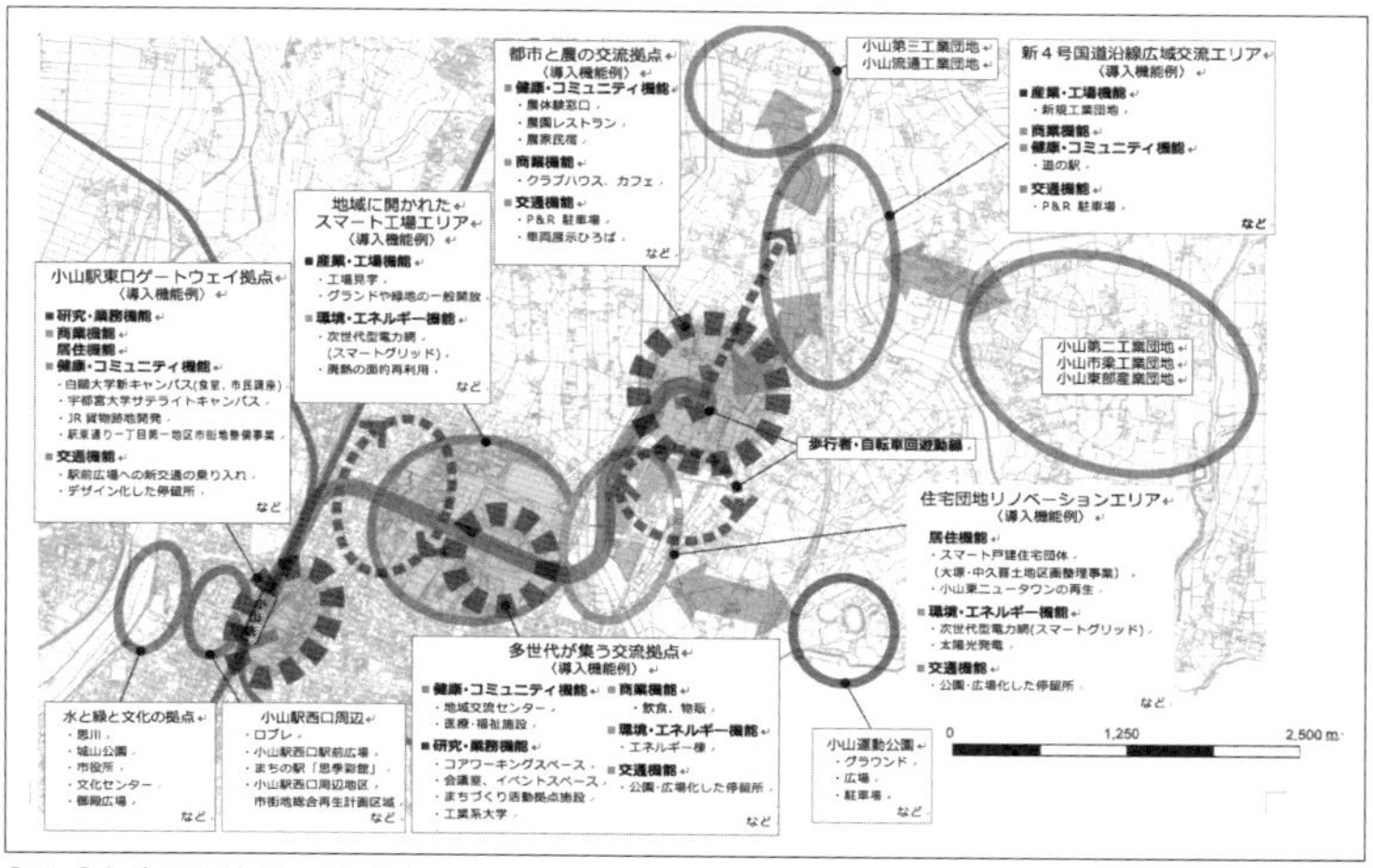

[図 2]高岳引込線まちづくり構想図

意向調査を実施した。特に前年度に行われた地域資源に関する構想案を叩き台として、当該地域に対する現状のイメージや期待、ＬＲＴが走った場合の時間当たりの走行本数、運賃設定、走行車両のイメージなどについて統計処理を行った[5]。こうしたアンケート調査と並行して、高岳引込線内で自家農園として活用されている鉄軌道脇の細長いスペースを官民共同の遊歩道に改変する案を練り、ＣＧ動画を作成した[図3・4]。

その際、先行事例として参照したのがニューヨークのHigh Lineプロジェクトであり、そこでは使われなくなった高架空間を官民の力で線形公園として再生させている[6]。高岳引込線の場合、地権者である企業、遊歩道の整備を担う小山市、植栽の維持管理を担う地域住民、ＮＰＯの力を結晶させる試みであり、北関東の四季折々の植物を管理することで、多世代が協働する市民活動となることが期待される。また、高岳引込線の中間に位置する駅舎付近に、ＬＲＴ整備場とＮＰＯ拠点を兼ねた施設を建設することで、沿線内の緑地を管理するＮＰＯ関係者と地域住民の交流拠点とすることを謳った。

ここで丹下シューレの都市交通デザインとして名高い《東京計画一九六〇》と《小山High Line》プロジェクトを比較対照してみたい。まずコストについて、前者は一九六〇年当時の換算で実現には三〇兆円と見積もられており、後者のイニシャルコストは二〇一七年時点で数十億円のため、一〇〇〇分の一程度のもの

5　「本年度第二回市まちづくりと新交通導入に関する検討委員会が二一日、市役所で開かれ、市は既存の貨物専用鉄道〝高岳専用線〟を活用した新交通システムの概算事業費を二〇－二七億円とする算出結果を明らかにした。一方、沿線住民らの利用意向に基づく収支は年間五千万円－一億三千万円のマイナスとなった。市は今後、整備コストの縮小や収支の赤字解消に向けて検討する」、「概算事業費二〇－二七億円、年間収支は赤字　新交通システム導入で小山市算出」『下野新聞』二〇一六年一二月二二日

6　ジョシュア・デイヴィッド、ロバート・ハモンド『HIGH LINE アート、市民、ボランティアが立ち上がるニューヨーク流都市再生の物語』アメリカン・ブック&シネマ、二〇一三年

[図 3]《小山 High Line》LRT 駅の 2 階に市民協働のためのスペースを確保する

[図 4]《小山 High Line》大工場と鉄軌道の間に生じる線形空間を遊歩道として緑化する
CG 作成：石川達

である[7]。ついで人口規模と社会背景について比較すると、前者は首都圏へ集中する人口を一〇〇〇万人と見込んで東京湾上に線形都市計画を展開することで経済成長を持続させる試みであったが、後者は少子高齢化の進行する一六万人の工業都市において既存の鉄軌道を利活用することで、居住人口数のみならず地域の繋がりをいかに持続させるかがテーマとなった。

一方で両者の共通点が二点あり、一つは既存都市への長年のリサーチが蓄積されている点が挙げられる。前者は終戦直後から一〇年以上にわたって続けられた丹下研究室内の都市リサーチの蓄積の上に成立しており、後者も都市計画課と連携しつつ五年以上にわたる研究成果の蓄積に依拠している。もう一つは、両者ともリサーチを通じて都市全域（全体）の評価指標を明快に提示しながら、それを跳躍台として、都市の部分を形成するパブリックスペースを目に見える空間として提案し、全体と部分の新しい連関を見出すことに力を注いでいる。

事例その2——木密地区における社会構造の可視化
（地域コミュニケーションツールの開発）

二〇一一年（平成二三）三月一一日に発生した東日本大震災は、太平洋側沿岸部のみならず、内陸部にも大きな被害をもたらした。特に北関東の古い町並みを有

7　参考までに栃木県宇都宮市で計画されているLRTは総延長一四・六キロメートル、総工費四五八億円程度（二〇一七年二月時点）が見込まれている。宇都宮市建設部LRT整備室ホームページ「事業概要」http://www.city.utsunomiya.tochigi.jp/kurashi/kotsu/lrt/1013029.html

する木造密集エリアでは大量の瓦が落ち、白壁にひびが入って土壁が大きく剥がれるなど、様々な被害報告がもたらされた。栃木県栃木市の中心部に位置する嘉右衛門町地区もそうした地区の一つであった。この地区は震災前から伝統的建造物群保存地区指定を目指す活動が行われ、古い蔵の町並みを保全する取組みがなされてきた。

二〇〇九年頃から嘉右衛門町地区に足を運び、蔵の活用法などについて知恵を絞ってきた経緯があり、二〇一二年からは北関東の伝建地区をフィールドとして総合防災プロジェクト[8]に関する研究に取り組むこととなった。このプロジェクトには地域住民の他に、建築構造、都市防災の専門家が多数参加したが、私の役割は災害社会学の専門家[9]と協働して伝統的な町並みを維持する人々の繋がりを可視化することであった。その際、対象地域に捉える切り口として木密地区の防災組織、町づくり組織、祭り組織、社会福祉関連組織（NPO）の四つの位相を設定し、文献調査と同時に関係者に入念なインタビューを行って各位相を図化し、それらを三次元的に重層させようと心がけた[図5]。

また、木密地区の社会構造の可視化と並行して、栃木駅周辺に立地する八つの高校に通う二年生を対象とした小論文コンクールを開催した。このコンクールでは蔵の街栃木の活性化のためのアイデアを募るものであり、入選作が実現するよううアクションリサーチを実践した。この結果、最優秀案として高校生自らが伝建

8 「伝統的建造物群保存地区における総合防災事業の開発」「コミュニティがつなぐ安心・安全な都市・地域の創造領域」研究代表：横内基・小山高専、自主防災WGリーダー：豊川斎赫（交付機関：科学技術振興機構JST／RISTEX）

9 早稲田大学文学学術院の浦野正樹教授は、阪神・淡路大震災の経験を踏まえ、災害社会学の研究を推進している。

地区内で防災訓練を企画運営する案が選ばれ実現に至った。また、高校生らの学校の枠を超えた町中での音楽活動が優秀案として選出されたが、その後「とちぎ高校生蔵部」が結成され、町中でイヴェントがあるたびに積極的に参加し、地域の活性化に大きく寄与している。

先に挙げた四つの位相は地域社会が衰退するのと同時に乖離しがちだが、高校生らの取組みにより各々の位相が弾力的に結び付けられ、地域のレジリエンス向上に寄与している、と評価された。しかし、高校生の取組みだけで地域の未来が照らされるわけではなく、地域住民の日頃からの防災意識の向上もさることながら、地域外の人々と協働して地域産業を活性化させ、定住人口を持続的に安定させることが、古い町並みを守っていく上で重要となる。

ここで丹下シューレの取組みの中から三つの視点を取り出し、蔵の街栃木の「社会構造図」と比較対照してみたい。一つ目の国土計画地図について、一九六四年（昭和三九）、丹下は上司の高山英華らとともに東大工学部に都市工学科を設立するために奔走したが、同時期に国土計画や都市空間デザインに携わる企業人、官僚、学者らが集う地域開発センターの設立にも尽力した。当時の日本は高度経済成長期の真っただ中にあり、当センターでは建築、土木、経済、地理、社会学などの専門家が参加して新全国総合開発計画（新全総）の叩き台となる議論が交わされ、一九六七年には地理学者木内信蔵と丹下の手によって日本初となる国土計画地図[10]が作成された。

丹下は、様々な専門家が集う場における建築家の理想像を、奇抜な造形で周囲を煙に巻くのではなく、専門分野の枠を超えて意思疎通できる場を産み出す者に求め、具体的にはメガデータに基づく視覚コミュニケーションツールの作成に注力した。丹下の国土開発地図と蔵の街栃木の「社会構造図」を比較すると、前者は日本国土全体を対象としているのに対し、後者は伝建地区とその周辺というご

10　丹下健三・木内信蔵『日本列島の地域構造・図集』日本地域開発センター、一九六七年

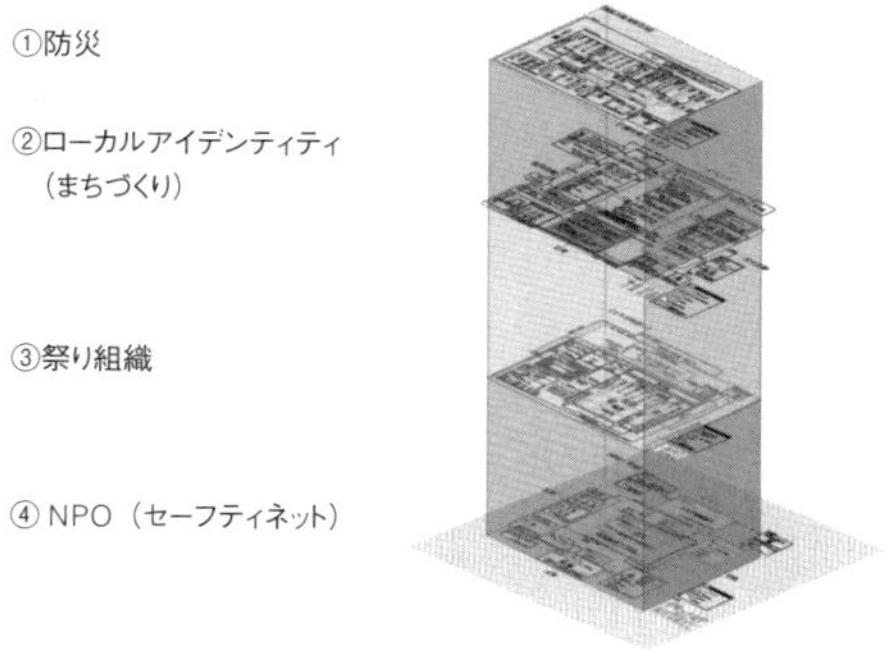

四つの位相が緊密に結びついた理想モデル

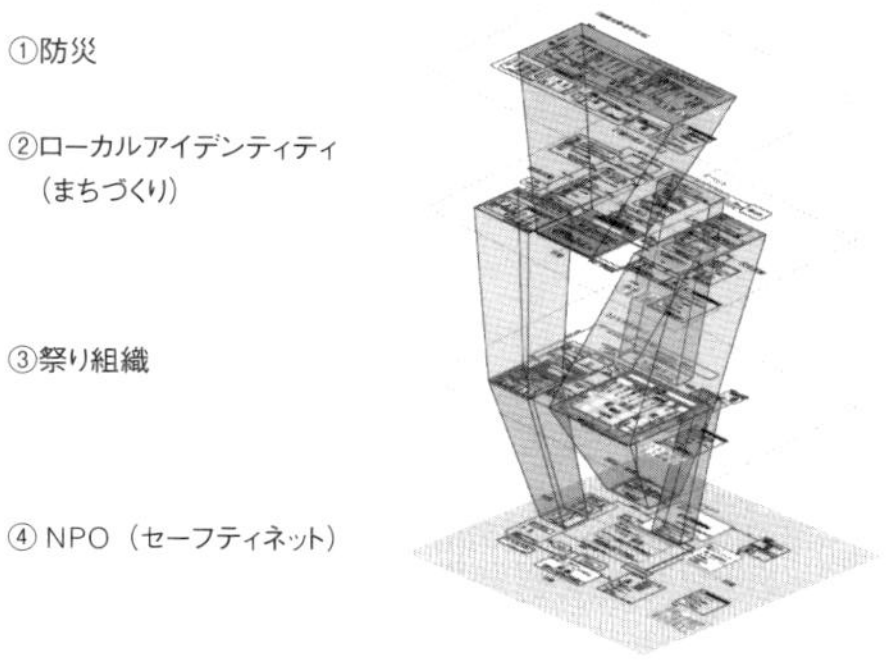

地方都市の衰退と少子高齢化により四つの位相が不安定化

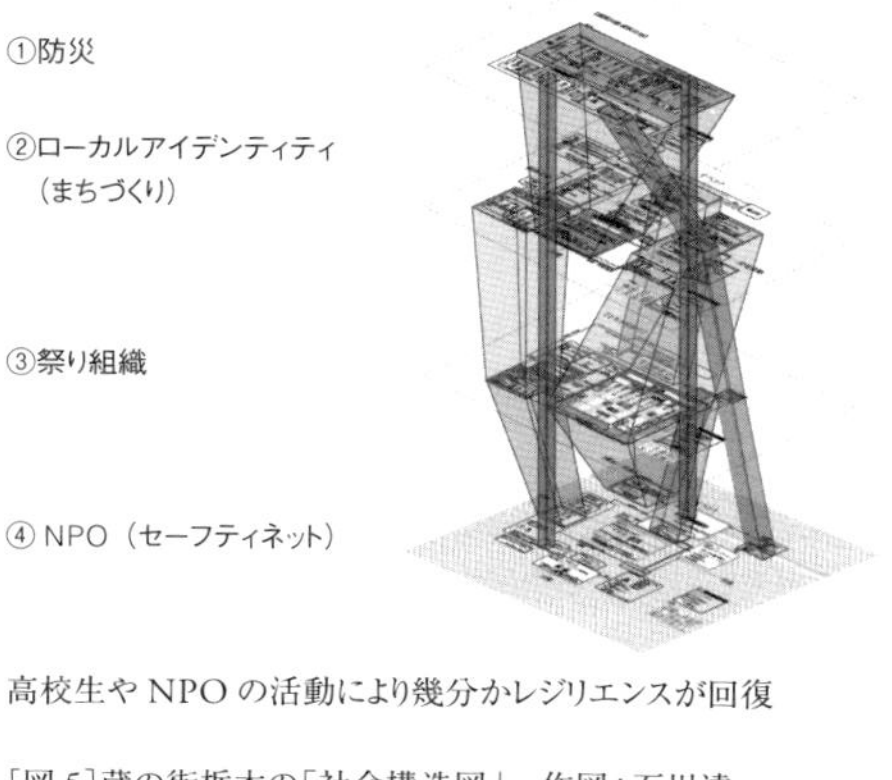

高校生や NPO の活動により幾分かレジリエンスが回復

［図 5］蔵の街栃木の「社会構造図」　作図：石川達

く狭い範囲を対象としている。また前者は日本国内の人口、水資源、各々の港における物流量を可視化し、高度経済成長のさらなる後押しを目論んでいた。これに比して後者は、蔵の町並みという壊れやすい地域ストックと、それに関与する人々の繋がりを可視化し、地域外の人々や高校生の町づくりへの参加を促し、レジリエンスを向上させようと試みている。

二つ目の伝統的な町並みの保存問題について、戦後日本の建築家らが伝統的な町並み保存に興味を示し始めたのは一九六〇年代半ばに遡る。当時、先進的な教員に連れられ、建築系の学生らがデザインサーヴェイと呼ばれる方式に従って、古い町並みの立面、断面、平面の描き起こしに励んだ。こうした取組みの背景には、経済成長の陰で地方都市が疲弊し、古い町並みが失われることへの反発が挙げられ、極論すれば丹下が主導してきた戦後日本の近代都市、建築のヴィジョンが批判の対象とされた。その直後のオイルショックと重なり、デザインサーヴェイは全国的な拡がりを見せ、丹下シューレの大谷を筆頭に、茂木計一郎（東京芸術大学）は中国大陸で、阿久井喜孝（東京電機大学名誉教授）は軍艦島で、アノニマスな建築意匠の中に潜む創作の原理の発見に取り組んだ。この点で、伝建問題は歴代の丹下シューレが取り組んできた重要課題であり、伝建における総合防災研究の成果は全国に数多く存在する高齢化した木密エリアへの応用が期待される。

三つ目の市民参加型町づくりについて、丹下は天才的な建築家とその周囲に集まった少数のエリートによる構想力が社会をよき方向に導く、という信念に立っていた[11]。これに対して、丹下の右腕として活躍した浅田孝は「広場と青空の東京構想」（一九七一）の中で市民参加型の町づくりを推奨し、丹下と対照的なスタンスを取った。浅田の構想は第二期美濃部都政（一九七一－一九七五）のマニフェストとして立案され、東京の隅々にまで目が行き届いた案として知られる反面、膨大な統計データが都民とシェアされていたとは言い難く、丹下も浅田もエリートにしか理解し得ない言語を用いて都市空間デザインを語っていたことになる。それに対して私たちの試みは、地元住民や高校生らとの協働を通じて古い町並みを持続させる具体的な活動に裏打ちされ、そこから得られた社会構造図は丹下らの国土計画地図に比して市民により近い距離を保ち、これからの町づくりを考察できるツールとして活用されることが期待される。

事例その3――森林資源とICTを活用したキャンパス計画から地区デザインへの展開

森林資源の有効活用は、化石燃料に依存しない低炭素社会の実現の観点から重要であることは言うまでもない。近年では、木材を駆使した大型公共施設、高層建

11　丹下健三「建築設計家として民衆をどう把握するか：おぼえがき」『建築文化』一九五六年一〇月、二〇－二三頁

物も相次いで竣工している。一方で、都市デザインを素材レベルから考え直すことは古くて新しい重要な研究テーマとなる。二〇〇九年（平成二一）から宇都宮大学農学部森林科学科の教職員と知己を得て、人工林の育成、伐採、搬出、市場（競販所）での取引、製材所での乾燥過程について深く知ることができた。栃木県が関東最大の林産県であることはあまり知られていないが、宇都宮大学が所有する演習林に幾度かお邪魔し、泊まり込みで杉の生態、間伐の抱える問題、林道整備の実態に触れた。

こうした中で、勤務先の建築学科棟（築四五年）を改修する運びとなり、木質資源を最大限活用したリノベーション案を提示した。具体的には、内部居室の木質化による快適性の追求は当然として、外壁全面に特殊加工を施した栃木県産の杉材を被覆することで、木材の可能性を世間一般にアピールできるのではないか、と考えた。と言うのも、二〇一〇年当時、新築の小学校では木材を外装全面に使用した事例がいくつも存在したものの、改修事例としては《大阪木材会館》などに限られていた。このため、建築学科棟の改修では、《大阪木材会館》でも用いられたサーモウッド（高温加湿状態で乾燥させることで晴天、雨天に晒されても高耐久性、耐腐性能、寸法安定を実現する）技術を用い、栃木県産杉材を乾燥させる計画を練った。

文科省に企画書をもちこんだ段階で、「外装に必要な木材を寄付してもらえるならば企画案通りの改修を実行してよい」との返答があり、急遽、寄付してくださる方を探すこととなった。しかし、森林組合や製材業経営者などにあたってみたものの、福島第一原発事故の影響で栃木県産杉材から放射能が検出されたことが大きく報道された時期と重なり、交渉はうまく進まなかった。そうした中で、栃木県環境森林部林業振興課に多大なご助力をいただき、栃木県林業センターから杉材をご提供いただける運びとなった。かつて重源が東大寺再建にあたって大勧進職を拝命し、方々に寄付を募りながら自ら山を分け入って木材を調達、搬出したことを彷彿とさせるが、建築学科棟改修において何とか資材調達を完了し、無事竣工にこぎつけた[図6]。

ここで丹下シューレの中で素材から都市デザインを捉え直そうとした下河辺淳の発言に触れておきたい。一九八一年当時、下河辺はすでに国土庁事務次官を引退し、国際科学技術博覧会(つくば万博)の常任理事を務め、つくば博のプロデューサーの役割を担っていた。その頃の下河辺は「都市は必ず湖を持っているといい景観になる」と唱え、「地球という惑星に住んでいる以上、水との関係を明らかにすることは都市のデザインの根本である」[12]と主張していた。同時に下河辺は、つくば博において土だけでパヴィリオンをつくった《ルーマニア館》を賞賛している。この背景として、丹下を含む戦後日本の建築家は材料に拘束され、振り回されてきた歴史を挙げている。つまり、選択しうる建築素材がコンクリート、ガ

12 「2：下河辺淳インタビュー」、豊川斎赫編『丹下健三とKENZO TANGE』オーム社、二〇一三年、四二頁

［図 6］小山高専建築学科棟改修工事　撮影：筆者

ラス、プラスティック、鋼材に限られる一方、伝統的な木造が忘却され、北米から二×四を輸入すると同時に木の強度だけを重視するようになり、本来の木材のもつ多様な可能性に目をつぶるようになってしまったのである。これと同様に、下河辺はコンクリートに代わる素材として繊維をあげ、繊維と膜による高層ビルの実現を熱っぽく語っている。下河辺は水、土、木、繊維といった自然素材から将来の都市デザインを構想することの重要性を説いたわけだが、下河辺の教えに沿って卑小ながらも身の回りのキャンパス改修において、高度加工処理を施した栃木県産杉材の外装活用を試みた次第である。

一方で、建築学科棟の改修時にICTを活用し、消費電力の見える化を図り、キャンパス内の既存施設群にも拡張することを目指した。これにより建築学科棟単体として省エネを実現したのではなく、竣工から半世紀近く経つ老朽化した施設群をICTの力でスマートに管理することが重要と判断した。その際、東京大学の消費電力三〇パーセント削減の実績をもつGUTP[13]の方々のご助力を得て、小山高専に東大と同様の電力の見える化システムを導入することができた[図7]。さらにこのシステムを関東に点在する四つの高専にまで拡張し、離散したキャンパスのエネルギーマネジメントを可能にした[図8]。

ここで丹下シューレの中でICTを前面に打ち出したキャンパスデザインとして、磯崎新のPUP（一九七二）[14]が挙げられる。このプロジェクトでは「情

13　GUTP：東大グリーンICTプロジェクトの略。江崎浩『なぜ東大は30%の節電に成功したのか?』幻冬社、二〇一二年

14　Post University Pack の略。『建築文化』一九七二年八月、一三七－一六〇頁

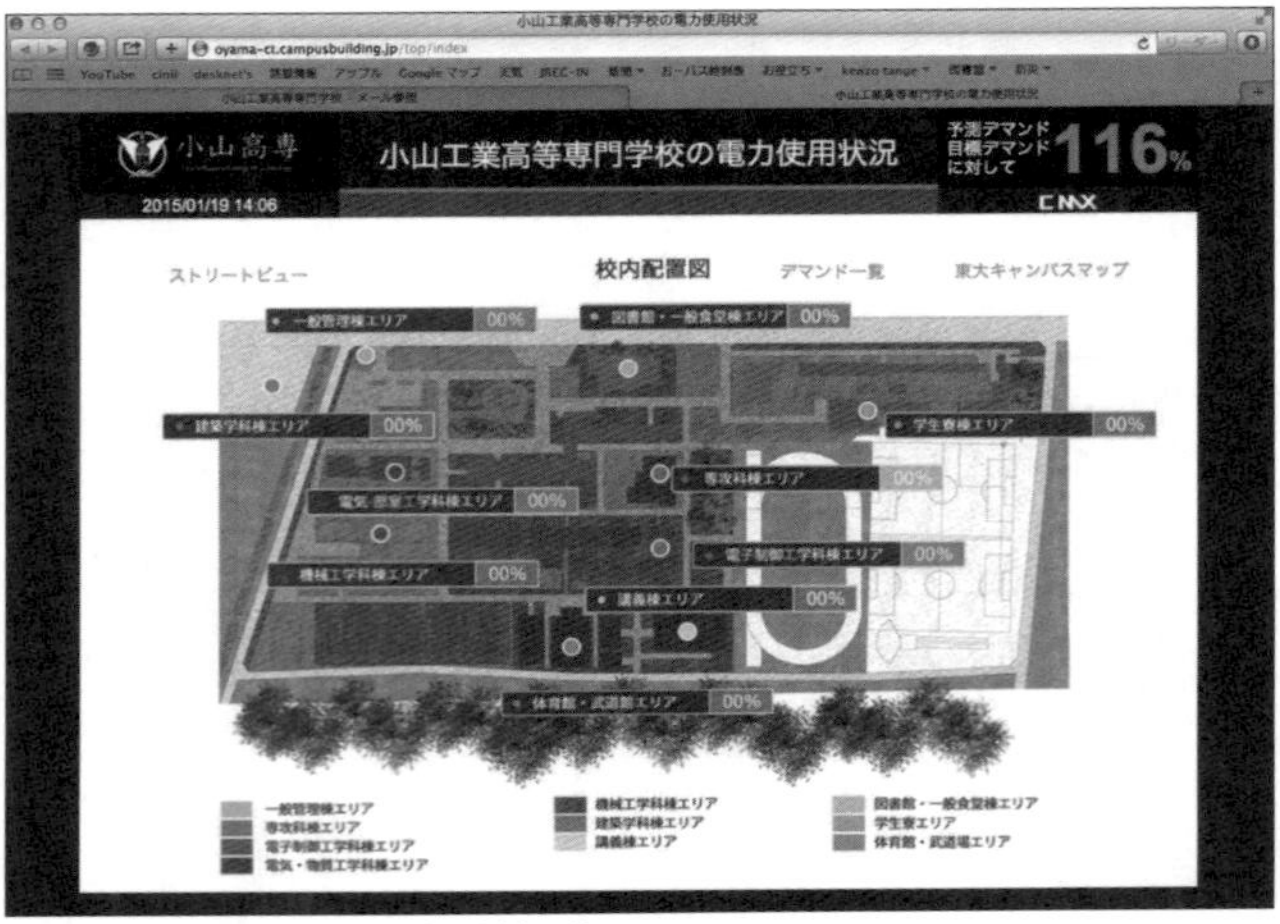

[図 7]小山高専キャンパス電力の見える化

[図 8]関東 4 高専電力の見える化　HP 作成：CIMX

報コンビナート」と呼ぶべき都市施設が提案され、従来の都市を構成してきたビルディングタイプ（事務所、研究所、放送局、コンピュータ・センター、美術館、図書館、病院、市役所など）が分解されずに、ガラスのチューブの中にパック（梱包）されている。この提案は、都市を一つの「情報空間」と捉え、都市住民の行動が様々な情報の受発信（学習）と見なす発想に基づく。これは制度上の教育とは異なり、学習が日常化し都市の全空間を学習場と見なすラディカルな都市、建築の捉え方であり、都市が大学と合体し、大学のもつ諸機能を再編したものが都市になる[図9]。磯崎の提案は約半世紀前のものだが、物流の結節こそが都市である、あるいはアマゾンの宅配サービスとそれを支えるロジスティクスこそ都市であるという現代的な視点を先取りしている点で驚かされる。

ＰＵＰに比べると、この取組みは周回遅れも甚だしく、体制に奉仕して制度上の管理教育を補完するものにすぎず、消費電力の見える化を通じて各研究室単位の監視体制を強化する危険性を孕む。しかし、現実問題として遠隔地の既存キャンパス群を長寿命化するにはＩＣＴの力が不可欠であり、これを起点として建築と情報がいかに新しい関係を取り結べるかを考えていきたい。

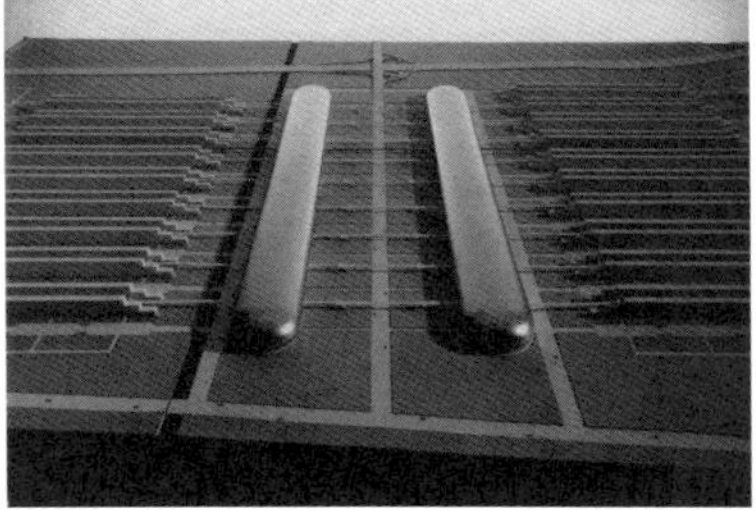
[図9] ＰＵＰ　撮影：彰国社写真部

これからのラボの役割と展開

以上、数年間にわたって関わった三つのプロジェクトを紹介したが、最後に、丹下シューレの一人である槇文彦のラボ論に触れながら、これからの都市デザイン手法の開発について考えてみたい。

槇の回顧によれば、一九五〇－六〇年（昭和二五－三五）代の日本とアメリカにおいて、先鋭的な建築設計事務所ではラボ的な側面とアトリエ的な側面が両立していた、と言う。前者は客観的な分析や事実の積み重ねを重視する科学者の姿勢と結び付き、後者は時代を先取りすべく、主観的で直感的な表現を重視する芸術家の立ち位置に結び付いていた。当時のラボ的な姿勢で所員らが取り組んだのが、シェル、テンション材などの大架構構造、カーテンウォールなどであり、こうした課題の克服こそが建築界全体を盛り上げていった。

一方のアトリエ的な姿勢とは、ラボ的な姿勢を踏まえつつも、自らの感性や独創性を開示することで、豊かな建築表現を目指すスタイルを指す。特に日本の場合、建築学科に属する研究室がアトリエとラボの二重性を両立できる場所であり、その筆頭が丹下健三研究室であった。そこでは、理に適った将来の国土、都市を構想しつつ、建築として大胆に結晶させる術がたえず模索された。しかし、六〇年代後半以降、「建築の解体」と「建築そのものの自立性」が問われ、ラボ的なアトリエは次第に否定され姿を消していったと言う[15]。

そもそも設計組織がラボ的であるためには、試してみるに足る課題が必須であるが、高度経済成長とともに国土・都市・建築に関連するテーマの分業化、専門化が進行していった。特に一九七〇年の大阪万博を機に、大手ゼネコン各社が豊富な資金力を背景として技術開発に力を注ぎ、ラボ的な役割を拡充していったことも、ラボ的なアトリエの存在意義を薄れさせた、と言えよう。

二一世紀に入り、大学の研究室で都市デザインをテーマに据えることは、そこで試してみるに足る課題を開示することにある。私の場合、さしあたりこれまでに取り上げた三つのプロジェクトをスタートラインとして、地の利を生かしながら各々を発展させるほかない、と考える。ここであらためて三つのプロジェクトの共通点を挙げれば、社会状況を鑑みながら既存ストックを丁寧に読み込み、課題を集約しながら新技術の導入や異分野の協働によって生産性を向上させ、新しい都市空間デザインを探り当てようとしている。言い換えれば、世代間格差のみならず、首都圏と地方都市の格差が顕在化する中で、地方を見捨てるでもなく、ひたすら弱者に寄り添い市民派を装うのでもなく、隙あらば地方都市の生産性の拡大やイノベーションの可能性を実践し、豊かさの再配分について再定義してみたい。

戦後間もない頃、多くの建築家たちは家を持たない貧しい人々に寄り添い、廉

15 槇文彦「1モダニズムの光と影」『記憶の形象 上』ちくま学芸文庫、一九九七年、一三二―一三三頁

価な集合住宅の建設やプレファブ実験住宅の夢を語った。しかし丹下はそうした流れに竿をさし、建築が主体となって経済成長を促し、公共空間の建設を通じた豊かさの再配分について熱く語っていた。惜しむらくは、一九七〇年代以後の丹下の海外プロジェクトは成長そのものが目的と化してしまい、産油国の特権階級の豊かさだけを表象してしまった。

しかし、この問題は丹下に限った問題ではなく、二一世紀の日本の建築家全体の問題であり、一パーセントの富裕層にだけ捧げられた建築はグラビアページを飾ることはあってももはや消耗品にすぎず、その他九九パーセントのためのオフィスや住宅は永続的な課題にはなりえないのが現状である。むしろ、既存の建築や都市のイノベーションを通じて豊かさの拡大を目指し、それを九九パーセントの人々に還元し再配分する都市デザイン手法の開発こそが試してみるに足る課題となるだろう。

あとがき

本書は、丹下健三と丹下シューレが都市・首都・国土といった大きなテーマといかに向き合い、建築に反映させていったかを論じている。時代区分としては戦前・戦後の連続を強く意識し、岸田日出刀、佐野利器、山田守、今和次郎といった丹下よりも世代が上の建築家も可能な限り取り上げた。二〇一五年に岩波書店から出版した『丹下健三』では、思い切って戦後にのみ照準を絞り、大学一年生にもわかる平易な記述に徹したため、踏み込みが甘いというご指摘を受けた。こうした声に本書が応えられたか甚だ疑問で、さらに巻末の自作紹介は蛇足ではないかと自覚しているが、ご寛容いただければ幸いである。

一方で、槇文彦先生や磯崎新先生を筆頭とする丹下シューレの精力的な活動を除けば、現代日本において都市・首都・国土のあるべき姿を論じ、建築との連関を模索する動きは極めて低調である。本書は全体から部分を考察し、これからの社会と建築を構想しようとする者のための手引書になり得るのではないか、と期待している。

最後に、鹿島出版会の相川幸二氏には本書の執筆をご提案いただいた。私より先にＳＤ選書を書くにふさわしい方がたくさんおられると気後れしつつ、このような幸運はそうそう訪れないと思い直し、お引き受けすることとした。これまでの著作と異なり、丹下シューレの知的成果を現代地方都市の課題に接続できるのか、蛮勇をふるって論じられたのは、ひとえに同氏の励ましのおかげである。この場を借りて、深く感謝申し上げたい。

二〇一七年六月

豊川斎赫

〔**図版出典**〕

・『第十二回オリンピック東京大會東京市報告書』東京市役所、一九三九年
——第二章〔図2〕〔図3〕〔図4〕〔図5〕〔図6〕

・『建築雑誌』No.691、日本建築学会、一九四二年一〇月
——第一章〔図1〕〔図2〕

・『都市復興の原理と実際』石川栄耀、光文社、一九四六年より作図
——第一章〔図9〕

・『低温科学』No.2、「木造高山観測所の設計及び建設」中谷宇吉郎＋岡田鴻記＋菅谷重二、北海道大学低温科学研究所、一九四九年一〇月二〇日
——第三章〔図2〕

・『建築雑誌』No.842、「南極こぼれ話」武基雄、日本建築学会、一九五七年一月——第三章〔図3〕

・『南極観測用建物に関する報告書』「日本観測隊の携行家屋の設計及び制作について」日本建築学会南極建築委員会、日本建築学会、一九五七年
——第三章〔図5〕

・『週刊読売』「富士山と東京湾の対決：〝一千万人の引っ越し先〟はどっち?」読売新聞社、一九六二年八月一二日——第一章〔図4〕

・『東京オリンピック施設の全貌』日本電設工業会東京オリンピック施設資料編集委員会、日本電設工業会、一九六四年
——第二章〔図7〕〔図10〕〔図11〕〔図12〕〔図13〕

・『朝日新聞』朝日新聞社、一九六五年一月一日——第一章〔図6〕〔図7〕

・『Approach』「南極の灯　昭和基地より帰って」竹中工務店、一九六六年夏号——第三章〔図6〕

・『新建築』「日本万国博覧会会場基本計画第2次案」新建築社、一九六六年七月号より作図——第一章〔図15〕〔図16〕〔図17〕〔図18〕〔図19〕

・『日本列島の地域構造・図集』「211G：人口分布の歴史と将来」日本地域開発センター、一九六七年——第一章〔図11〕

・『お祭り広場を中心とした外部空間における水、音、光などを利用した総合的演出機構の研究』日本万国博イヴェント調査委員会、私家版、一九六七年
——第一章〔図20〕〔図21〕〔図22〕〔図23〕、第三章〔図11〕〔図12〕

・『日本の都市空間』彰国社、一九六八年——第一章〔図14〕

・『環境開発論』浅田孝、鹿島出版会、一九六九年——第三章〔図4〕

・『空間へ』磯崎新、美術出版社、一九七一年——第三章〔図10〕

・『現代の建築家　磯崎新②』鹿島出版会、一九八五年——第三章〔図15〕

・『10＋1』No.43、INAX出版、二〇〇六年七月——第三章〔図20〕

・『ビルディングの終わり、アーキテクチュアの始まり　10 years after Any』磯崎新＋浅田彰、鹿島出版会、二〇一〇年——第三章〔図14〕〔図18〕

・「小山市まちづくりと新交通の導入に関する検討委員会」二〇一七年
——第四章〔図2〕

〔**編集・作図協力**〕

・豊川真美

・夏山香

［初出一覧］

・第一章一節　富士山と丹下健三
『現代思想』「富士山と丹下健三」青土社、二〇一三年一〇月
・第一章二節　丹下健三のヴィジョンと風景
『日本風景史』「丹下健三のヴィジョンと風景」昭和堂、二〇一五年
・第二章一節　岸田日出刀と丹下健三
『東京大改造二〇二〇』「建築家たちの一九六四〈競技施設編〉――「幻の五輪」に学んだ岸田日出刀の統率力」日経BP社、二〇一四年
・第二章二節　佐野利器と丹下健三
『コンクリート工学』vol.53, No.1、「神宮外苑と国立屋内総合競技場から見た「建築科学の発達」」日本コンクリート工学会、二〇一五年一月
・第三章一節　浅田孝のカプセル建築原論
『メタボリズムの未来都市――戦後日本・今甦る復興の夢とヴィジョン』「寒冷地居住研究と南極昭和基地　浅田孝のカプセル原論」新建築社、二〇一一年
・第三章二節　黒川紀章から見る戦後日本の「都市・首都・国土論」
・第三章三節　磯崎新――制作の現場とプロジェクトの位相
・第四章　丹下シューレの批判的継承――都市空間デザインに関するマニフェスト
書き下ろし

［著者］
豊川斎赫（とよかわ・さいかく）
建築家、建築史家、工学博士、一級建築士
一九七三年宮城県生まれ。二〇〇〇年東京大学大学院修了。日本設計、国立小山工業高等専門学校准教授を経て、二〇一七年より千葉大学大学院融合理工学府地球環境科学専攻都市環境システムコース准教授、現在に至る。
主な著書：「群像としての丹下研究室」（二〇一二年、オーム社、日本建築学会著作賞、日本イコモス奨励賞）、「丹下健三が見た丹下健三」（二〇一六年、TOTO出版、編著、アート・ドキュメンテーション学会賞）、「丹下健三　戦後日本の構想者」（二〇一六年、岩波書店）ほか
主な作品：国立小山高専建築学科棟改修工事（二〇一四、開運のまち『おやま』景観賞まちなみ部門奨励賞）ほか

SD選書269
丹下健三《たんげけんぞう》と都市《とし》
二〇一七年八月一五日　第一刷発行
著者　豊川斎赫《とよかわさいかく》
発行者　坪内文生
発行所　鹿島出版会
〒一〇四―〇〇二八　東京都中央区八重洲二―五―一四
電話〇三（六二〇二）五二〇〇
振替〇〇一六〇―二―一八〇八八三
印刷・製本　三美印刷
ISBN 978-4-306-05269-7　C1352

本書の内容に関するご意見・ご感想は左記までお寄せください。
URL: http://www.kajima-publishing.co.jp
e-mail: info@kajima-publishing.co.jp

SD選書目録

四六判（＊＝品切）

001 現代デザイン入門 勝見勝著
002* 現代建築12章 L・カーン他著 山本学治訳編
003* 都市とデザイン 栗田勇著
004* 江戸と江戸城 内藤昌著
005 日本デザイン論 伊藤ていじ著
006* ギリシア神話と壺絵 沢柳大五郎著
007 フランク・ロイド・ライト 谷川正己著
008 きもの文化史 河鰭実英著
009 素材と造形の歴史 山本学治著
010* 今日の装飾芸術 ル・コルビュジエ著 前川国男訳
011 コミュニティとプライバシイ C・アレグザンダー著 岡田新一訳
012* 新桂離宮論 内藤昌著
013 日本の工匠 伊藤ていじ著
014 現代絵画の解剖 木村重信著
015 ユルバニスム ル・コルビュジエ著 樋口清訳
016* デザインと心理学 穐山貞登著
017 私と日本建築 A・レーモンド著 三沢浩訳
018* 現代建築を創る人々 神代雄一郎編
019 芸術空間の系譜 高階秀爾著
020 日本美の特質 吉村貞司著
021 建築をめざして ル・コルビュジエ著 吉阪隆正訳
022* メガロポリス J・ゴットマン著 木内信蔵訳
023 日本の庭園 田中正大著
024* 明日の演劇空間 尾崎宏次著
025 都市形成の歴史 A・コーン著 星野芳久訳
026* 近代絵画 A・オザンファン他著 吉川逸治訳
027 イタリアの美術 A・ブラント著 中森義宗訳
028 明日の田園都市 E・ハワード著 長素連訳
029* 移動空間論 川添登著
030* 日本の近世住宅 平井聖著
031* 新しい都市交通 B・リチャーズ著 曽根幸一他訳
032* 人間環境の未来像 W・R・イーウォルド編 磯村英一他訳
033 輝く都市 ル・コルビュジエ著 坂倉準三訳
034 アルヴァ・アアルト 武藤章著
035* 幻想の建築 坂崎乙郎著
036* カテドラルを建てた人びと J・ジャンベル著 飯田喜四郎訳
037 日本建築の空間 井上充夫著
038* 環境開発論 浅田孝著
039* 都市と娯楽 加藤秀俊著
040* 郊外都市論 H・カーヴァー著 志水英樹訳
041* 都市文明の源流と系譜 藤岡謙二郎著
042* 道具考 榮久庵憲司著
043 ヨーロッパの造園 岡崎文彬著
044* 未来の交通 H・ヘルマン著 岡寿麿訳
045* 古代技術 H・ディールス著 平田寛訳
046* キュビスムへの道 D・H・カーンワイラー著 千足伸行訳
047* 近代建築再考 藤井正一郎著
048* 古代科学 J・L・ハイベルク著 平田寛訳
049 住宅論 篠原一男著
050* ヨーロッパの住宅建築 S・カンタクシーノ著 山下和正訳
051* 都市の魅力 清水馨八郎、服部銈二郎著
052* 東照宮 大河直躬著
053 茶匠と建築 中村昌生著
054* 住居空間の人類学 石毛直道著
055 空間の生命 人間と建築 坂崎乙郎著
056* 環境とデザイン G・エクボ著 久保貞訳
057* 日本美の意匠 水尾比呂志著
058* 新しい都市の人間像 R・イールズ他編 木内信蔵監訳
059 京の町家 島村昇他編
060* 都市問題とは何か R・パーノン著 片桐達夫訳
061 住まいの原型Ⅰ 泉靖一編
062* コミュニティ計画の系譜 佐々木宏著
063* 近代建築 V・スカーリー著 長尾重武訳
064* SD海外建築情報Ⅰ 岡田新一編
065* SD海外建築情報Ⅱ 岡田新一編
066 天上の館 J・サマーソン著 鈴木博之訳
067 木の文化 小原二郎著
068* SD海外建築情報Ⅲ 岡田新一編
069* 地域・環境・計画 水谷穎介著
070* 都市虚構論 池田亮二著
071 現代建築事典 W・ペーント編 浜口隆一他日本語版監修
072* ヴィラール・ド・オヌクールの画帖 藤本康雄著
073* タウンスケープ T・シャープ著 長素連他訳
074* 現代建築の源流と動向 L・ヒルベルザイマー著 渡辺明次訳
075* 部族社会の芸術家 M・W・スミス編 木村重信他訳
076 キモノ・マインド B・ルドフスキー著 新庄哲夫訳
077 住まいの原型Ⅱ 吉阪隆正他著
078 実存・空間・建築 C・ノルベルグ＝シュルツ著 加藤邦男訳
079* SD海外建築情報Ⅳ 岡田新一編
080* 都市の開発と保存 上田篤、鳴海邦碩編
081* 爆発するメトロポリス W・H・ホワイトJr.他著 小島将志訳
082* アメリカの建築とアーバニズム(上) V・スカーリー著 香山壽夫訳
083* アメリカの建築とアーバニズム(下) V・スカーリー著 香山壽夫訳
084* 海上都市 菊竹清訓著
085* アーバン・ゲーム M・ケンツレン著 北原理雄訳

086* 建築2000 C・ジェンクス著 工藤国雄訳
087* 日本の公園 田中正大著
088* 現代芸術の冒険 O・ビハリメリン著 坂崎乙郎他訳
089* 江戸建築と本途帳 西和夫著
090* 大きな都市小さな部屋 渡辺武信著
091* イギリス建築の新傾向 R・ランダウ著 鈴木博之訳
092* SD海外建築情報V 岡田新一編
093* IDの世界 豊口協著
094* 交通圏の発見 有末武夫著
095 建築とは何か B・タウト著 篠田英雄訳
096* 続住宅論 篠原一男著
097* 建築の現在 長谷川堯著
098* 都市の景観 G・カレン著 北原理雄訳
099* SD海外建築情報VI 岡田新一編
100* 都市空間と建築 U・コンラーツ著 伊藤哲夫訳
101* 環境ゲーム T・クロスビイ著 松平誠訳
102* アテネ憲章 ル・コルビュジエ著 吉阪隆正訳
103* プライド・オブ・プレイス シヴィック・トラスト著 井手久登他訳
104* 構造と空間の感覚 F・ウイルソン著 山本学治他訳
105* 現代民家と住環境体 大野勝彦著
106* 光の死 H・ゼーデルマイヤ著 森洋子訳
107* アメリカ建築の新方向 R・スターン著 鈴木一訳
108* 近代都市計画の起源 L・ベネヴォロ著 横山正訳
109* 中国の住宅 劉敦槙著 田中淡他訳
110* 現代のコートハウス D・マッキントッシュ著 北原理雄訳
111 モデュロールI ル・コルビュジエ著 吉阪隆正訳
112 モデュロールII ル・コルビュジエ著 吉阪隆正訳
113* 建築の史的原型を探る B・ゼーヴィ著 鈴木美治訳
114 西欧の芸術1 ロマネスク上 H・フォシヨン著 神沢栄三他訳
115 西欧の芸術1 ロマネスク下 H・フォシヨン著 神沢栄三他訳
116 西欧の芸術2 ゴシック上 H・フォシヨン著 神沢栄三他訳
117 西欧の芸術2 ゴシック下 H・フォシヨン著 神沢栄三他訳
118* アメリカ大都市の死と生 J・ジェイコブス著 黒川紀章訳
119* 遊び場の計画 R・ダットナー著 神谷五男他訳
120 人間の家 ル・コルビュジエ他著 西沢信弥訳
121* 街路の意味 竹山実著
122* パルテノンの建築家たち R・カーペンター著 松島道也訳
123 ライトと日本 谷川正己著
124 空間としての建築(上) B・ゼーヴィ著 栗田勇訳
125 空間としての建築(下) B・ゼーヴィ著 栗田勇訳
126 かいわい[日本の都市空間] 材野博司著
127* 歩行者革命 S・プライネス他著 岡並木監訳
128 オレゴン大学の実験 C・アレグザンダー著 宮本雅明訳
129* 都市はふるさとか F・レンツローマイス著 武基雄他訳
130* 建築空間[尺度について] P・ブドン著 中村貴志訳
131* アメリカ住宅論 V・スカーリーJr.著 長尾重武訳
132* タリアセンへの道 谷川正己著
133* 建築VS.ハウジング M・ポウリー著 山下和正訳
134* 思想としての建築 栗田勇著
135* 人間のための都市 P・ペータース著 河合正一訳
136* 都市憲章 磯村英一著
137* 巨匠たちの時代 R・バンハム著 山下泉訳
138 三つの人間機構 ル・コルビュジエ著 山口知之訳
139 インターナショナル・スタイル H・R・ヒッチコック他著 武沢秀一訳
140 北欧の建築 S・E・ラスムッセン著 吉田鉄郎訳
141* 続建築とは何か B・タウト著 篠田英雄訳
142* 四つの交通路 ル・コルビュジエ著 井田安弘訳
143 ラスベガス R・ヴェンチューリ他著 石井和紘他訳
144 ル・コルビュジエ C・ジェンクス著 佐々木宏訳
145* デザインの認識 R・ソマー著 加藤常雄訳
146* 鏡[虚構の空間] 由水常雄著
147* イタリア都市再生の論理 陣内秀信著
148 東方への旅 ル・コルビュジエ著 石井勉他訳
149 建築鑑賞入門 W・W・コーディル他著 六鹿正治訳
150* 近代建築の失敗 P・ブレイク著 星野郁美訳
151* 文化財と建築史 関野克著
152* 日本の近代建築(上)その成立過程 稲垣栄三著
153* 日本の近代建築(下)その成立過程 稲垣栄三著
154 住宅と宮殿 ル・コルビュジエ著 井田安弘訳
155* イタリアの現代建築 V・グレゴッティ著 松井宏方訳
156 バウハウス[その建築造形理念] 杉本俊多著
157 エスプリ・ヌーヴォー[近代建築名鑑] ル・コルビュジエ著 山口知之訳
158* 建築について(上) F・L・ライト著 谷川睦子他訳
159 建築について(下) F・L・ライト著 谷川睦子他訳
160* 建築形態のダイナミクス(上) R・アルンハイム著 乾正雄訳
161 建築形態のダイナミクス(下) R・アルンハイム著 乾正雄訳
162 見えがくれする都市 槇文彦他著
163* 街の景観 G・バーク著 長素連他訳
164 環境計画論 田村明著
165* アドルフ・ロース 伊藤哲夫著
166* 空間と情緒 箱崎総一著
167 水空間の演出 鈴木信宏著
168* モラリティと建築 D・ワトキン著 榎本弘之訳
169* ペルシア建築 A・U・ポープ著 石井昭訳
170* ブルネッレスキ ルネサンス建築の開花 G・C・アルガン著 浅井朋子訳
171 装置としての都市 月尾嘉男著
172 建築家の発想 石井和紘著
173 日本の空間構造 吉村貞司著
174 建築の多様性と対立性 R・ヴェンチューリ著 伊藤公文訳
175 広場の造形 C・ジッテ著 大石敏雄訳
176 西洋建築様式史(上) F・バウムガルト著 杉本俊多訳
177 西洋建築様式史(下) F・バウムガルト著 杉本俊多訳
178 木のこころ 木匠回想記 G・ナカシマ著 神代雄一郎他訳

179* 風土に生きる建築　若山滋著
180* 金沢の町家　島村昇著
181* ジュゼッペ・テッラーニ　B・ゼーヴィ編　鵜沢隆訳
182* 水のデザイン　D・ベーミングハウス著　鈴木信宏訳
183* ゴシック建築の構造　R・マーク著　飯田喜四郎訳
184 建築家なしの建築　B・ルドフスキー著　渡辺武信訳
185 プレシジョン(上)　ル・コルビュジエ著　井田安弘他訳
186 プレシジョン(下)　ル・コルビュジエ著　井田安弘他訳
187* オットー・ワーグナー　H・ゲレツェッガー他著　伊藤哲夫他訳
188* 環境照明のデザイン　石井幹子著
189 ルイス・マンフォード　木原武一著
190 「いえ」と「まち」　鈴木成文他著
191 アルド・ロッシ自伝　A・ロッシ著　三宅理一訳
192 屋外彫刻　M・A・ロビネット著　千葉成夫訳
193 「作庭記」からみた造園　飛田範夫著
194 トーネット曲木家具　K・マンク著　宿輪吉之典訳
195 劇場の構図　清水裕之著
196 オーギュスト・ペレ　吉田鋼市著
197 アントニオ・ガウディ　鳥居徳敏著
198 インテリアデザインとは何か　三輪正弘著
199* 都市住居の空間構成　東孝光著
200 ヴェネツィア　陣内秀信著
201 自然な構造体　F・オットー著　岩村和夫訳
202 椅子のデザイン小史　大廣保行著
203* 都市の道具　GK研究所、榮久庵祥二著
204 ミース・ファン・デル・ローエ　D・スペース著　平野哲行訳
205 表現主義の建築(上)　W・ペーント著　長谷川章訳
206* 表現主義の建築(下)　W・ペーント著　長谷川章訳
207 カルロ・スカルパ　A・F・マルチャノ著　浜口オサミ訳
208* 都市の街割　材野博司著
209 日本の伝統工具　土田一郎著　秋山実写真

210 まちづくりの新しい理論　C・アレグザンダー他著　難波和彦監訳
211* 建築環境論　岩村和夫著
212 建築計画の展開　W・M・ペニヤ著　本田邦夫訳
213 スペイン建築の特質　F・チュエッカ著　鳥居徳敏訳
214* アメリカ建築の巨匠たち　P・ブレイク他著　小林克弘他訳
215* 行動・文化とデザイン　清水忠男著
216 環境デザインの思想　三輪正弘著
217 ボッロミーニ　G・C・アルガン著　長谷川正允訳
218 ヴィオレ・ル・デュク　羽生修二著
219 トニー・ガルニエ　吉田鋼市著
220 住環境の都市形態　P・パヌレ他著　佐藤方俊訳
221 古典建築の失われた意味　G・ハーシー著　白井秀和訳
222 パラディオへの招待　長尾重武著
223* ディスプレイデザイン　魚成祥一郎監修　清家清序文
224 芸術としての建築　S・アバークロンビー著　白井秀和訳
225 フラクタル造形　三井秀樹著
226 ウイリアム・モリス　藤田治彦著
227 エーロ・サーリネン　穂積信夫著
228 都市デザインの系譜　相田武文、土屋和男著
229 サウンドスケープ　鳥越けい子著
230 風景のコスモロジー　吉村元男著
231 庭園から都市へ　材野博司著
232 都市・住宅論　東孝光著
233 ふれあい空間のデザイン　清水忠男著
234 さあ横になって食べよう　B・ルドフスキー著　多田道太郎監修
235 間(ま)──日本建築の意匠　神代雄一郎著
236 都市デザイン　J・バーネット著　兼田敏之訳
237 建築家・吉田鉄郎の『日本の住宅』　吉田鉄郎著
238 建築家・吉田鉄郎の『日本の建築』　吉田鉄郎著
239 建築家・吉田鉄郎の『日本の庭園』　吉田鉄郎著
240 建築史の基礎概念　P・フランクル著　香山壽夫監訳

241 アーツ・アンド・クラフツの建築　片木篤著
242 ミース再考　K・フランプトン他著　澤村明＋EAT訳
243 歴史と風土の中で　山本学治建築論集①
244 造型と構造と　山本学治建築論集②
245 創造するこころ　山本学治建築論集③
246 アントニン・レーモンドの建築　三沢浩著
247 神殿か獄舎か　長谷川堯著
248 ルイス・カーン建築論集　ルイス・カーン著　前田忠直編訳
249 映画に見る近代建築　D・アルブレヒト著　萩正勝訳
250 様式の上にあれ　村野藤吾著作選
251 コラージュ・シティ　C・ロウ、F・コッター著　渡辺真理著
252 記憶に残る場所　D・リンドン、C・W・ムーア著　有岡孝訳
253 エスノ・アーキテクチュア　太田邦夫著
254 時間の中の都市　K・リンチ著　東京大学大谷幸夫研究室訳
255 建築十字軍　ル・コルビュジエ著　井田安弘訳
256 機能主義理論の系譜　E・R・デ・ザーコ著　山本学治他訳
257 都市の原理　J・ジェイコブズ著　中江利忠他訳
258 建物のあいだのアクティビティ　J・ゲール著　北原理雄訳
259 人間主義の建築　G・スコット著　邊見浩久、坂牛卓監訳
260 環境としての建築　R・バンハム著　堀江悟郎訳
261 パタン・ランゲージによる住宅の生産　C・アレグザンダー他著　中埜博監訳
262 褐色の三十年　L・マンフォード著　富岡義人訳
263 形の合成に関するノート／都市はツリーではない　C・アレグザンダー著　稲葉武司、押野見邦英訳
264 建築美の世界　井上充夫著
265 劇場空間の源流　本杉省三著
266 日本の近代住宅　内田青藏著
267 個室の計画学　黒沢隆著
268 メタル建築史　難波和彦著
269 丹下健三と都市　豊川斎赫著